LUIS A. HERNÁNDEZ

14 PAREJAS DE LA BIBLIA

Lecciones para la relación matrimonial de hoy

Título: *14 Parejas de la Biblia*
Subtítulo: *Lecciones para la relación matrimonial de hoy*
Autor: Luis Arbey Hernández Sánchez
Editor: Edwin Arbey Hernández García
Editorial: JesedPress
Año de publicación: 2026
ISBN: 978-1-7645452-0-4

Publicado en su primera edición en español en Melbourne, Australia.

Los contenidos y enseñanzas bíblicas presentados en esta obra han sido desarrollados por el autor. La edición y organización han sido realizadas con el propósito de ofrecer una exposición clara, coherente y práctica para la relación matrimonial actual.

www.jesedpress.com

Dedicado a:

Todas las parejas que desean fortalecer y restaurar su relación.

Agradecimientos

En primer lugar, agradezco a Dios por su gracia y fidelidad, manifestadas en todo lo transmitido, recibido y aprendido a lo largo de estos años.

Agradezco también a mi esposa, Yurany, por su comprensión, paciencia y apoyo incondicional en cada etapa de este proyecto.

A mis hijos Edwin y Josué, por su orientación, cercanía, acompañamiento y motivación constante para que me decidiera a escribir.

A mis hijas Leidy y Nasly, por ser parte fundamental de mi vida y de este proceso.

A todos, muchas bendiciones.

Prefacio

A lo largo de 35 años en el ministerio pastoral tuve la oportunidad de acompañar, escuchar y aconsejar a numerosas parejas que, aun amándose, cargaban tensiones y heridas que afectaban su relación. Vi de cerca conflictos emocionales, tensiones económicas, fracturas familiares y luchas espirituales que desgastaban la unidad matrimonial.

En medio de esas historias entendí que muchas de estas parejas no necesitaban únicamente palabras de ánimo, sino una guía clara, práctica y profundamente bíblica que pudiera orientarlas hacia la restauración.

Este libro nació precisamente de esa necesidad. Surgió en nuestras conversaciones familiares, en momentos de reflexión compartida y en las experiencias vividas dentro y fuera de la iglesia al atender matrimonios que buscaban dirección.

Mientras estudiaba las historias de estas catorce parejas de la Biblia, descubrí que detrás de cada relato hay patrones, principios y lecciones atemporales que siguen transformando vidas hoy.

Sentí entonces la responsabilidad de organizar esos principios y presentarlos de manera sencilla, comprensible y útil para quienes desean fortalecer su relación matrimonial.

Cada capítulo ofrece una mirada honesta a los aciertos, errores y desacuerdos de estas parejas, y presenta enseñanzas que pueden aplicarse de inmediato a la vida diaria. Aquí el lector encontrará orientación para mejorar la comunicación, cultivar el respeto, fortalecer la unidad, cuidar la intimidad, asumir corresponsabilidad y redescubrir el propósito compartido dentro de la relación.

Mi deseo es que estas reflexiones se conviertan en una herramienta para renovar hábitos, sanar heridas y encender nuevos motivos para permanecer unidos.

Es mi oración que estas páginas sean luz para el corazón, guía para el camino y fortaleza para la relación matrimonial. Que quien lea este libro encuentre esperanza, claridad y motivación para reconstruir y fortalecer su vínculo de pareja conforme al diseño perfecto de Dios.

Introducción

El propósito de este libro es ofrecer una mirada profunda y práctica sobre 14 parejas de la Biblia, quienes, a través de sus historias, decisiones, desafíos y actos de fe, dejaron enseñanzas que siguen siendo relevantes para los matrimonios de hoy.

Estudiarlas permite identificar patrones espirituales, emocionales y relacionales que se repiten a lo largo del tiempo, y que pueden iluminar el camino de quienes desean fortalecer su relación matrimonial.

El orden de las parejas ha sido seleccionado siguiendo un hilo espiritual y narrativo: desde el diseño original de Dios con Adán y Eva, avanzando por historias de fe como Abraham y Sara, pasando por relaciones marcadas por decisiones, conflictos, restauración o fidelidad, hasta culminar con la relación suprema entre Jesús y la Iglesia. Este recorrido permite comprender cómo cada pareja aporta un matiz distinto y una lección particular para la vida actual.

Metodológicamente, cada capítulo combina una breve narrativa bíblica, una reflexión práctica aplicada a la relación matrimonial y un cuestionario final. Este cuestionario está diseñado para ayudar a la pareja a evaluar aspectos claves de su relación. Se sugiere responder sinceramente cada una de las preguntas usando una escala del 1 al 5. Aunque algunas temáticas puedan parecer similares entre capítulos, la carga emocional, el contexto bíblico y las consecuencias espirituales varían, por lo cual cada respuesta refleja un ángulo distinto del corazón y de la experiencia de la pareja estudiada.

Para aprovechar mejor el contenido, se recomienda leer cada capítulo con calma, reflexionar en cada párrafo y detenerse cuando sea necesario. Al finalizar cada capítulo, el lector encontrará un cuestionario que puede ser utilizado de manera individual, en pareja, en consejería cristiana o como ejercicio devocional. Tras completar las respuestas, se sugiere sumar los puntajes —preferiblemente con una calculadora— y ubicar el resultado en el rango final, lo que permitirá obtener una visión general del estado de la relación y de las áreas donde se puede crecer y mejorar.

Que estas páginas sean una guía espiritual, un puente para el diálogo y una herramienta de fortalecimiento matrimonial, siempre bajo la luz de la Palabra de Dios.

Lista de parejas

1. Adán y Eva
2. Abraham y Sara
3. Isaac y Rebeca
4. Jacob y Raquel
5. Moisés y Séfora
6. Manoa y su mujer
7. Booz y Rut
8. Elcana y Ana
9. Nabal y Abigail
10. José y María
11. Zacarías y Elisabet
12. Ananías y Safira
13. Priscila y Aquila
14. Jesús y la Iglesia

Cada pareja escribe una historia particular, y en cada una la gracia de Dios se revela de manera única.

Porque todo lo que se escribió en tiempos pasados, para nuestra enseñanza se escribió (Romanos 15:4).

Índice

Capítulo 1 – Adán y Eva: una relación diseñada por Dios   15

1.1. La relación en su diseño original

1.2. Los errores y sus consecuencias

1.3. Restauración y esperanza en Dios

Cuestionario: evaluación de unidad matrimonial

Capítulo 2 – Abraham y Sara: una historia de fe, pruebas y promesas   30

2.1. La impaciencia afecta la relación

2.2. Fe en la relación: entre la prueba y la promesa

2.3. Cuando el temor debilita la fe en la relación

2.4. Dios cumple su promesa a pesar de los conflictos familiares

2.5. El legado de amor y fe en la relación

Cuestionario: evaluación de fe, comunicación y construcción de legado

Capítulo 3 – Isaac y Rebeca: unidos por Dios, separados por decisiones   53

3.1. Cuando la bendición viene acompañada de desafíos

3.2. Falta de comunicación y preferencias en la familia

3.3. Repitiendo los errores del pasado: pecados generacionales

3.4. Ruptura en la comunicación y el engaño en la familia

3.5. Cuando los malos hábitos destruyen la familia

Cuestionario: comunicación, unidad y legado en la relación de pareja

Capítulo 4 – Jacob y Raquel: amor, engaño y consecuencias familiares 74

4.1. Herencia de patrones familiares

4.2. La justicia de Dios ante el menosprecio en la pareja

4.3. La necesidad de aceptación y validación

4.4. La competencia entre hermanas y la autosuficiencia humana

4.5. La búsqueda de consuelo temporal en la relación de pareja

4.6. Jacob: un hombre falto de carácter y liderazgo en su hogar

4.7. El riesgo del engaño y la falta de comunicación

Cuestionario: entre el amor y el desorden

Capítulo 5 – Moisés y Séfora: cuidar la relación en tiempos de muchas responsabilidades 89

5.1. Cuidar la relación desde el comienzo y en tiempos de cambio

5.2. El acompañamiento en las decisiones que exigen sacrificio

5.3. La crisis revela prioridades descuidadas

5.4. Restaurar la conexión familiar antes de que la distancia crezca

Cuestionario: evaluación de prioridades y conexión en pareja

Capítulo 6 – Manoa y su mujer: fe, unidad y propósito en tiempos de crisis 102

6.1. Entender como pareja que son parte del propósito

6.2. La comunicación sincera que edifica y trae libertad

6.3. La búsqueda de dirección y las decisiones en equipo

6.4. Celebrar y agradecer juntos

6.5. Pruebas que fortalecen y animan mutuamente

Cuestionario: unidad, propósito y fortaleza en pareja

Capítulo 7 – Booz y Rut: cuando el amor vence las barreras 112

7.1. Un amor que nace en medio de la adversidad

7.2. Cuando la sabiduría guía el amor con propósito

7.3. Un compromiso íntegro, público y bendecido por Dios

Cuestionario: amor, propósito y madurez en las decisiones de pareja

Capítulo 8 – Elcana y Ana: cuando el dolor no rompe el propósito 126

8.1. Las tensiones que la cultura impone sobre la relación

8.2. Cuando el amor no cubre la comprensión emocional

8.3. Cuando las palabras hieren más que el silencio

8.4. La oración como camino hacia la sanidad emocional

8.5. Cuando la vulnerabilidad es malinterpretada

8.6. Una respuesta que transforma el ambiente emocional del hogar

8.7. Un milagro que cambia las prioridades familiares

8.8. Una entrega que honra el pacto con Dios

Cuestionario: el arte de acompañar, orar y consagrar en pareja

Capítulo 9 – Nabal y Abigail: la sensatez en medio de una relación desigual   141

9.1. El yugo desigual: realidad tóxica en una misma casa

9.2. Abigail: lucidez, fe y valentía en medio del caos

9.3. Aplicación actual: cuando te toca vivir con un "Nabal"

Cuestionario: viviendo con sabiduría en medio del caos

Capítulo 10 – José y María: un amor que supera lo inesperado   161

10.1. Cuando el amor es puesto a prueba por lo inesperado

10.2. El coraje de hablar con la verdad

10.3. Cuando la relación es puesta a prueba

10.4. Amar también es escuchar

10.5. Obedecer sin entenderlo todo

Cuestionario: construyendo confianza en medio de lo inesperado

Capítulo 11 – Zacarías y Elisabet: fidelidad en medio del silencio y el dolor   176

11.1. Una pareja que camina en integridad

11.2. Una frustración que cargaron juntos en silencio

11.3. Una respuesta inesperada cuando ya parecía tarde

11.4. Cuando el tiempo de Dios finalmente llega

Cuestionario: fidelidad, paciencia y esperanza en la relación

Capítulo 12 – Ananías y Safira: una advertencia para los matrimonios de hoy ... 189

12.1. Cuando la apariencia daña la relación desde adentro

12.2. Cuando lo que se oculta termina separando

12.3. Volver a la verdad: una oportunidad para cada pareja

12.4. Estar alerta ante la seducción que puede causar el dinero

Cuestionario: llamado a la transparencia

Capítulo 13 – Priscila y Aquila: un modelo de unidad, servicio y misión ... 202

13.1. Trabajo en equipo, hospitalidad y dedicación

13.2. Unidad espiritual y propósito compartido

13.3. Equilibrio entre lo secular y lo espiritual

13.4. Hospitalidad, servicio y madurez

13.5. Identidad ministerial compartida

13.6. Sabiduría y discreción que transforma

Cuestionario: unidad, servicio y misión en pareja

Capítulo 14 – Jesús y la Iglesia: el modelo divino para toda relación matrimonial ... 213

14.1. El amor del Esposo: entrega total y transformadora

14.2. La respuesta de la Esposa: sujeción y respeto

14.3. Amor y respeto: la base del vínculo fuerte

14.4. Una sola carne: unidad sin interferencias

Cuestionario: amor, respeto y unidad

Epílogo – El amor que todo lo restaura ... 239

CAPÍTULO 1

ADÁN Y EVA: UNA RELACIÓN DISEÑADA POR DIOS

¿Qué podemos aprender hoy de la primera pareja de la humanidad? ¿Qué principios de esta pareja nos pueden ayudar a fortalecer nuestras propias relaciones? La historia de Adán y Eva no es solamente el principio de la historia de la humanidad; es también el reflejo de las bendiciones y de las dificultades que toda pareja puede afrontar.

A lo largo de este estudio, contemplaremos la historia de Adán y Eva desde la perspectiva bíblica, con el propósito de incentivar una aplicación práctica en la vida cotidiana de pareja.

Desde la creación, Dios tenía un propósito definido para la relación matrimonial, entendida como la unión de la pareja, donde debían articularse en un mismo propósito: el amor, el respeto, la responsabilidad y el propósito divino.

Sin embargo, el trasfondo del pecado introduce la ruptura, el distanciamiento y las consecuencias que han marcado la historia de la humanidad. En esta historia vamos a descubrir el modelo ideal de una relación matrimonial; se podrán observar igualmente los errores que debilitan la relación y se contemplará la esperanza de la restauración que Dios ofrece a través de Jesucristo.

1.1. La relación en su diseño original

Antes de la caída, la relación entre el hombre y la mujer era un modelo de armonía perfecta que Dios había diseñado. En esta relación encontramos principios adecuados para toda relación matrimonial, algunos de los cuales comentaremos a continuación.

A) Un diseño eterno: el propósito de la pareja (Génesis 1:27-30, 2:15-25)

Dios creó al ser humano, al varón y a la mujer, con unos objetivos específicos y determinados: fructificar, multiplicarse y gobernar todo lo creado. No los creó por casualidad, sino que les encargó una misión que los uniría como pareja. Este principio nos enseña que toda relación de pareja debe tener objetivos en común: el crecimiento integral, la multiplicación y el gobierno deben ir alineados con el propósito eterno de Dios.

En la actualidad, muchas relaciones entran en crisis por no entender ni comprender para qué fueron unidos y formados como pareja. Además, al no tener claridad de que como cónyuges han sido adheridos al plan y al propósito que Dios ha establecido —que es la unión física, emocional y espiritual de un hombre y una mujer—, cada uno debe participar, contribuir y responsabilizarse individual y colectivamente de su comportamiento.

La historia de Adán y Eva nos muestra que el propósito de Dios en la pareja es que disfruten de una relación sana. Esta no solo se basa en el amor, sino que también se fundamenta en una relación de reciprocidad, responsabilidades y decisiones compartidas, que los lleven a unas metas comunes, articuladas y participativas, construyendo así una relación sana y satisfactoria.

B) Más que ayuda: el arte de complementarse (Genesis 2:18)

Adán vivía en comunión e intimidad con Dios; tenía para sí todos los bienes y riquezas de la tierra, y gozaba de salud física, emocional y espiritual. Sin embargo, Aunque tenía esas riquezas y podríamos decir libertad en todo sentido, la intimidad con Dios y mejor aún, la vida eterna, se sentía incompleto y necesitaba de una compañía especial, por la cual Dios creó a Eva como la ayuda idónea de Adán, una mujer que lo complementara, lo acompañara, lo estimulara y fortaleciera en todo tiempo.

Este principio no se encuentra limitado solamente al rol de ayuda, sino que se desarrolla en una relación de colaboración y sumisión compartida, donde ambos se auxilian física, emocional, espiritual e intelectualmente.

Además, como cónyuges, no se trata de competir ni de agradarse cada uno así mismo, sino de formar un equipo equilibrado donde se respalden, conserven y reconforten el uno al otro.

C) Unidos sin barreras: el desafío de ser uno (Génesis 2:24)

Cuando vemos en génesis 2:24 las palabras "una sola carne", esto implica una unión común entre la pareja, que abarca desde lo físico, lo emocional y lo espiritual, solo y explícitamente para ellos dos.

El problema es que, algunas parejas no están dispuestas a cortar el cordón umbilical y siguen siendo dependientes del amor, la educación y la rendición de cuentas hacia sus padres. Además, hay parejas cuyos padres, infortunadamente no están listo para dejar ir a sus hijos, y continúan entrometiéndose, controlando, manipulando y ejerciendo una influencia negativa sobre sus hijos, aún casados, generando tensiones y conflictos en la nueva pareja.

La Biblia afirma que, al unirse en el matrimonio, la relación de pareja debe diferenciarse y priorizarse sobre cualquier otro tipo de relación. Este principio se extiende incluso a la administración del tiempo, a las relaciones de trabajo, sociales y ministeriales, a las responsabilidades dentro del hogar y a la toma de decisiones. Ser "una sola carne" significa actuar unidos y en un mismo propósito.

Sin embargo, en caso de que la pareja no establezca los límites que sean necesarios, es posible que el cónyuge tome decisiones laborales, geográficas, económicas y espirituales, de manera individual, sin consultar siquiera la opinión de su cónyuge, provocando desorden, confusión, desconcierto, desilusión y conflictos inesperados que amenazan la estabilidad, el bienestar y la armonía del matrimonio.

D) Transparencia y confianza: el alma de la relación (Génesis 2:25)

Antes de la caída, Adán y Eva vivían en el lugar donde se encontraban en armonía, comunión y amistad, con transparencia y sin avergonzarse; estos eran sus vínculos. No había ningún engaño, ni existían temores, secretos o la inseguridad.

Ellos disfrutaban de la intimidad afectiva, emocional y espiritual, y experimentaban una total unidad, algo que la mayoría de las parejas de nuestra sociedad no llegan a vivir en sus relaciones matrimoniales.

Lastimosamente, hoy en día la hipocresía, la desconfianza, la incertidumbre, el prejuicio y el egoísmo permanecen de forma constante en las relaciones de pareja. Estos sentimientos y actos perjudiciales han impedido que los cónyuges se sinceren, se descubran y se entreguen completamente el uno al otro.

De esta manera, la convivencia de la pareja se vuelve fría, indiferente y distante, marcada por una desconexión emocional constante. Se pierde la libertad de expresarse, la comunión se debilita, la comunicación se rompe y desaparecen la amistad, el compañerismo y el acuerdo que sostienen una relación sana y estable.

Por ello, la pareja debe estar dispuesta a construir una relación sincera, auténtica, honesta y transparente, donde la confianza, la comunión, el respeto mutuo, la estimulación y la estima sean propiedades aglutinantes para que el hogar sea un lugar de refugio donde querer estar y participar. También es interesante que los dos cooperen como equipo; como pareja que se necesita, se complementa y se ayuda (Eclesiastés 4:9-11).

En el momento que el cónyuge descubre y experimenta que es parte de un equipo, desaparecen los secretos y los engaños, y, de esta manera, se siente más el vínculo y se disminuyen o hasta desaparecen las interferencias físicas, emocionales y espirituales que se dan a partir de la duda, la desconfianza y la inseguridad.

Estos principios nos desafían a considerar la importancia de la honestidad y la transparencia en la relación de pareja. Las relaciones más saludables no son aquellas que están libres de conflictos, sino aquellas en las que ambos cónyuges tienen lugar para ser vulnerables sin temer a ser criticados, acusados, malinterpretados o juzgados por terceros.

Finalmente, la confianza y la aceptación mutua son fundamentales para establecer una relación íntima y genuina, donde ambos reflexionen sobre la necesidad de construir su relación de pareja basados en la verdad, la sinceridad y la honestidad, y donde puedan crecer, fructificar y gobernar sobre sus propósitos y proyectos familiares.

1.2. Los errores y sus consecuencias

Después de haber explorado el diseño ideal de la relación matrimonial, ahora podemos abordar los errores, las pérdidas y las consecuencias de la desobediencia. A partir de aquí, es posible conectar con la realidad actual, explorando cómo la falta de comunicación, de comunión y el sentimiento de culpa pueden afectar las relaciones de pareja.

A) El diálogo que sostiene la unidad (Génesis 3:1-7)

Eva decidió individualmente desobedecer y lo hizo apresuradamente, sin consultar a Adán. Además, hizo su propia interpretación, añadiendo a la orden señalada y dando lugar a Satanás, quien aprovechó ese comentario adicional para cuestionar, tergiversar y manipular el mandato dado por Dios (Deuteronomio 12:32). En aquel instante, Eva se separó de la fuente divina y se encontró con el pecado.

Esta historia nos enseña que muchas relaciones matrimoniales pueden tropezar por la falta de diálogo, teniendo en cuenta que el diálogo es uno de los componentes que más repercuten en la estabilidad y la armonía de la pareja. Hay decisiones significativas que deben comunicarse, ser objeto de debate y acordarse de manera compartida.

Cuando uno de los cónyuges decide no tener en cuenta al otro, decide no consultarlo, sea por desprecio o por no escucharlo, teniendo en poco la participación del otro, esta actitud propicia conflictos, resentimientos y el distanciamiento progresivo en las esferas física, verbal, emocional, económica y espiritual.

Por ello, la comunicación sincera es fundamental para evitar fracasos, pérdidas o errores que puedan llegar a destruir la relación de pareja. La conversación desprendida y natural, sin máscaras, permitirá evitar contiendas, frustraciones y malentendidos que conducen a posiciones encontradas.

Además, promoverá el acuerdo mutuo, facilitará la toma de decisiones conjuntas y cerrará la puerta a discusiones innecesarias y a frecuentes evasivas. Cuando una pareja pone en práctica el diálogo, la confianza, la armonía y el respeto mutuo se conservarán imparables e inamovibles frente a los desafíos, alcanzando sus metas y propósitos planeados en la relación.

La historia de Adán y Eva nos ilustra que el bienestar espiritual, físico, económico y emocional que puede darse en el transcurso de la relación conyugal está en directa proporción con el nivel de comunicación, el acuerdo y el cómo se toman las decisiones de forma conjunta.

Prescindir de estos principios es dar oportunidad a las confusiones, las equivocaciones, al desorden, las discusiones y los desacuerdos que acaban por deshacer la comunión, la confianza y el futuro soñado de la pareja.

La pareja que aprende a dialogar y a tomar decisiones en común experimenta la comunión, transitará con más firmeza y evitará muchos problemas que surgen por la ineficacia en la comunicación. La historia de Adán y Eva también nos enseña que la conquista de una relación matrimonial exclusiva está profundamente relacionada con la necesidad de informarse y de llegar a acuerdos en unidad.

B) El peligro de una comunicación incompleta (Génesis 3:2-3)

Al detenernos a observar atentamente los pasajes de Génesis 3:2-3, se contempla que la orden de no comer del árbol de la ciencia del bien y del mal le fue indicada únicamente a Adán. Lo más probable es que Eva confundió, desconoció o malinterpretó dicha orden, ya que no se encuentra la menor referencia de que Dios haya hablado directamente con ella. Se cree que Eva llegó a conocer dicha advertencia por información de Adán.

Por lo tanto, a partir de ahí, surgen dos posibilidades: (1) que Adán no comunicó claramente la prohibición de no tocar el fruto, o (2) que Eva concluyó por sí misma que no debía tocarlo.

El hecho de que Eva añadiera una prohibición que Dios no había establecido sugiere una falla en la comunicación entre Adán y ella; de algún modo, se distorsionó el mensaje original. Esta imprecisión abrió una puerta que Satanás, la serpiente antigua (Apocalipsis 12:9; 20:2), aprovechó con astucia, introduciendo duda, engañándolos y conduciéndolos finalmente a la desobediencia.

Este episodio nos muestra que una comunicación incompleta, deficiente o inconclusa en la pareja puede generar malentendidos y conducir a decisiones erróneas. Por ello, la claridad y la franqueza en el diálogo son esenciales para evitar confusiones que debiliten la comunión y permitan que influencias externas perturben o distorsionen la relación matrimonial.

C) Culpar para evadir: un camino que destruye (Génesis 3:9-13).

Cuando la pareja cayó en desobediencia, Dios llamó personalmente a Adán y se dirigió primero a él, a pesar de que

Eva fue la primera que comió del fruto prohibido. Esto nos enseña un principio fundamental: al hombre le fue dada la responsabilidad de liderar y direccionar su casa, y de ser el representante ante Dios y ante la sociedad por la familia que ha conformado.

La respuesta de Adán ante el cuestionamiento de Dios revela el hecho de que no asume su culpa, sino que inmediatamente proyecta la responsabilidad sobre Eva y sobre Dios cuando afirma: *"La mujer que me diste por compañera me dio del árbol, y yo comí"* (Génesis 3:12).

Adán se justifica expresando que el culpable es Dios, puesto que fue Él quien formó a la mujer y se la trajo —entre comillas, Adán no la estaba pidiendo—, y luego dice que Eva le dio a comer, culpándola y responsabilizándola de su desobediencia.

La tendencia humana tiende a justificar o proyectar los errores, los fracasos y los problemas propios culpando a los demás. Esta forma de ser como seres humanos lastimosamente también ha sido uno de los inventos que nos trajo la religión.

Además, la justificación o la proyección de las malas decisiones sobre otras personas sólo profundizaran ese distanciamiento, destruyendo la relación con el prójimo, y apartando la relación con Dios. Pensemos un poco, ¿cómo se sentiría Eva escuchando a su marido Adán señalándola y culpándola ante Dios?

Eva, a su vez, copió lo que hizo Adán y, por lo tanto, culpó a la serpiente como causante de su desobediencia. Así, ahora no sólo se está cerrando el círculo, sino que se pone de manifiesto una dicha realidad: el pecado no sólo anula la comunión con Dios, sino que, además, lleva a tener desconfianza en las relaciones humanas, precipitando y produciendo enemistad entre ellas.

Lo que encontramos aquí sobre esta historia, nos da pistas que aluden a nuestras propias debilidades. En el contexto del vínculo matrimonial, cuando se comienzan a presentar los primeros signos de discordia se suele caer en la búsqueda de culpables, en lugar de asumir de manera consciente nuestras propias equivocaciones en los momentos de pérdida o de fracaso. El ser honesto y mantener transparencia en la pareja es muy aconsejable, así como también lo es asumir individualmente las propias equivocaciones.

La realidad es que la restauración comienza cuando dejamos de justificarnos, culpar y señalar con acciones y palabras a quien ha cometido un error, y empezamos más bien a reflexionar y a corregir nuestras propias faltas, pecados o errores.

Dios no quiere separación y menos condenación; lo que sí espera es que nos volvamos a Él en arrepentimiento, alcanzando así la reconciliación con Dios y con nuestra pareja.

D) El precio de alejarnos del diseño de Dios (Génesis 3:14-19, 23-24).

El pecado produjo un impacto trascendental en Adán y Eva como individuos y afectó profundamente a la pareja, la creación y toda la humanidad. Su decisión trajo consecuencias irreversibles, transformando para siempre la relación entre hombre y mujer, así como su vínculo con la creación y el entorno.

- **La serpiente:** fue maldecida, condenada a arrastrarse y a vivir en enemistad con la descendencia de la mujer. Este juicio es un recordatorio de que el mal no quedará impune y de que, desde el principio, ya había un plan de redención preparado por Dios para la humanidad (Génesis 3:15; Romanos 6:23).

- **La mujer:** su papel en la maternidad se vio afectado. El sufrimiento de la mujer en el momento de dar a luz es el signo del sufrimiento que ahora marca la existencia humana. Además, en su relación con su esposo, ella debería someterse, y él señorearía sobre ella.

- **La relación de pareja:** la guerra de voluntades que se experimenta en la vida matrimonial expresa cómo el pecado ha distorsionado al hombre y la mujer, impidiendo que se cumpla el ideal de armonía en la pareja. Lo que debía ser una relación de ayuda mutua no solo quedó alterada, sino que también se llenó de agravios, desafíos, desilusiones y provocaciones.

- **Al hombre:** la tierra misma fue maldecida por su causa. Lo que antes parecía ser una labor gratificante, relacionada con la administración y el cuidado de la creación, se convirtió en una lucha ardua por sobrevivir y por ganarse el sustento diario. El trabajo, que debía ser una actividad generadora de sentido y satisfacción, se transformó en una carga (2 Tesalonicenses 3:10).

- **A toda la humanidad:** la expulsión del Edén significó la separación de la presencia directa de Dios, y se le impidió al hombre acceder al árbol de la vida. El pecado trae separación y muerte, tanto física como espiritual (Romanos 6:23).

Esta historia además de mostrar las consecuencias del pecado también cuenta con la fuerza para reflexionar y poder cambiar la manera de relacionarse. Las malas acciones se convierten en peligrosas consecuencias, no solamente para nuestra propia vida sino también para las vidas de los demás.

Pero Dios no cerró la puerta con este juicio; al contrario, dejó abierta una esperanza, pues aún en medio de la separación y el dolor causados por el pecado, la redención en Cristo ya estaba dispuesta (Efesios 1:4–5; Romanos 5:8).

1.3. Restauración y esperanza en Dios (Génesis 3:21)

La narración de Adán y Eva no finaliza de esa manera; es decir, no concluye con la separación y el veredicto que Dios atribuyó, sino que se renueva con el propósito eterno y misericordioso de Dios, quien solucionó de una vez y para siempre la corrección para el pecado y el acceso directo a la restauración y la salvación por medio de Jesucristo.

A) Vestidos de gracia: un nuevo comienzo

En este fragmento se pone de manifiesto la bondad y la misericordia de Dios para con el ser humano, que pretendió cubrir su vergüenza y desnudez con hojas de higuera. Pero Dios cambió ese vestido pasajero, frágil y defectuoso, y en su amor los cubrió y vistió con pieles.

Este acto no es solo una manifestación de provisión física, como un vestido, sino que también fue un símbolo de lo que haría más tarde: cambiar sus vestiduras de pecado a través de Jesucristo, el Cordero inmolado, dándoles redención perfecta y duradera a toda la humanidad (Juan 1:29).

Este gesto anticipador de la obra de la cruz de Cristo nos recuerda que Dios, así como sacrificó un animal para dar pieles a Adán y Eva en su vergüenza, de igual manera Cristo dio su propia vida para vestirnos y quitar nuestro pecado, otorgándonos un nuevo vestido a través de su muerte y resurrección, convirtiéndose en la salida a nuestra corrupción y en la vestimenta de la santidad.

Solamente en Cristo podemos ser reconciliados con Dios y con nuestro prójimo (Romanos 5:21).

B) Restaurados por gracia: el poder del perdón

Tal y cual como Dios restauró la dignidad de Adán y Eva al hacerles una vestidura de piel tras la caída, del mismo modo Dios quiere restaurar la confianza y la unión entre personas heridas en su relación. Todas las relaciones humanas atraviesan conflictos, dificultades y desacuerdos; no obstante, el perdón y la misericordia pueden traer renovación y paz, de tal forma que la relación deteriorada y arruinada pueda ser rescatada y restaurada.

Dios quiere que el matrimonio sea bendecido y, en muchos casos, sanado. Para ello hay que disponerse a mejorar, así como también reconocer que uno mismo forma parte de la naturaleza caída afectada por el orgullo, la amargura, el egoísmo y el resentimiento.

Cuando la pareja ha decidido cubrirse de perdón, amor, compasión y humildad, encuentra la oportunidad de cambiar y hacer que la relación deteriorada y rota recupere la reconciliación, la cual se realiza por el poder de la gracia y la intervención del Espíritu Santo (Colosenses 3:12-13).

El verdadero cambio empieza cuando se ha decidido dejar a un lado las cosas que destruyen. Cuando en la relación se ven las debilidades de cada uno y se busca la ayuda de Dios para que cambien y sean transformados, se puede afirmar en la paz y la armonía por encima de la dificultad.

Esto no quiere decir que no van a llegar problemas, sino que, en la medida que están unidos y en comunión con Dios, disfrutarán de una compañía y dirección sobrenatural, que produce renovación y restauraciones continuas. Así como Dios no abandonó a Adán y Eva luego de su caída, tampoco Dios nos abandona en nuestras relaciones. Su gracia sigue en pie, deseosa de restaurar todo lo que parece perdido.

Cuestionario: evaluación de unidad matrimonial

Lee cada afirmación con atención y asigna el puntaje de 0 a 5 según consideres que refleja tu relación de pareja, donde:

- **0**: No se cumple en absoluto en la relación.
- **1**: Se cumple muy poco.
- **2**: Se cumple en algunas ocasiones.
- **3**: Se cumple de manera moderada.
- **4**: Se cumple en la mayor parte del tiempo.
- **5**: Se cumple totalmente en la relación.

Aspecto de reflexion	Puntaje (0-5)
1. Buscamos primero la guía de Dios y luego dialogamos al tomar decisiones importantes.	
2. Conversamos con frecuencia sobre nuestras metas y planes familiares.	
3. Ponemos límites cuando alguien externo intenta interferir en nuestras decisiones.	
4. Mantenemos comunicación abierta para tomar decisiones compartidas.	
5. Nos sentimos seguros al expresar emociones y preocupaciones sin temor al juicio.	
6. Asumimos nuestra responsabilidad en errores o desacuerdos sin culpar al otro.	
7. Practicamos el perdón y buscamos restaurar la confianza emocional.	
8. Ante frialdad o distancia, buscamos reconectarnos mediante el diálogo.	
9. Renovamos nuestro compromiso compartiendo momentos especiales.	

10. Reflexionamos sobre cómo nuestras decisiones afectan nuestro presente y futuro familiar.	
TOTAL	

📖 Interpretación de resultados

0–20 puntos — Zona de vulnerabilidad.

Hay áreas críticas que requieren atención inmediata: comunicación débil, distancia emocional o presiones externas. Es necesario dialogar con sinceridad y buscar apoyo para restaurar la relación.

21–35 puntos — Oportunidad de fortalecimiento.

Existen bases positivas, pero también patrones a mejorar, como la expresión emocional, el perdón o las decisiones compartidas. Trabajar en ello consolidará el vínculo.

36–45 puntos — Desarrollo saludable.

La pareja muestra unidad, manejo adecuado de conflictos y crecimiento emocional y espiritual. Aunque aún hay aspectos por fortalecer, la dirección es correcta.

46–50 puntos — Madurez y propósito.

Refleja una relación sólida, basada en confianza, comunicación honesta, perdón y visión conjunta. Siguiendo así, la pareja se convierte en un referente para otros.

CAPÍTULO 2

ABRAHAM Y SARA: UNA HISTORIA DE FE, PRUEBAS Y PROMESAS

En la tranquila oscuridad de la noche, Abraham y Sara observaban las estrellas. Habían perdido la cuenta de cuántas veces intentaron imaginar a su hijo corriendo por la zona del campamento, riéndose mientras pasaba el rato entre las diferentes tiendas levantadas a su alrededor.

Los años seguían pasando, y aunque la promesa de Dios estaba presente en su mente, la cuna seguía vacía. La pregunta era: ¿esperar o buscar el camino por sí mismos?

Esta escena no es solo un relato antiguo, refleja la lucha de muchas parejas hoy en día: la batalla entre la fe y la impaciencia, la tentación de buscar soluciones por cuenta propia desde una perspectiva humana cuando la promesa parece demorar, y las tensiones que surgen en medio de la espera y la incertidumbre al poner a prueba la confianza en la fidelidad de Dios.

A lo largo de su vida, Abraham y Sara se encontraron con situaciones de debilidad, miedo y desconfianza, pero también fueron testigos de que Dios tiene su tiempo y su momento para cumplir lo prometido.

Su relato nos deja magníficas enseñanzas acerca de la importancia de la espera, el valor de la confianza, la necesidad de la comunicación y el significado de la fe en la relación de pareja.

Con el fin de profundizar en el siguiente análisis, hemos separado su historia en cinco secciones explicativas:

2.1. La impaciencia afecta la relación

2.2. Fe en la relación: entre la prueba y la promesa

2.3. Cuando el temor debilita la fe en la relación

2.4. Dios cumple su promesa a pesar de los conflictos familiares

2.5. El legado de amor y fe en la relación

Acompáñame en este recorrido a través de su historia y descubramos juntos cómo sus aciertos, desaciertos y errores pueden guiarnos en nuestra relación matrimonial.

2.1. La impaciencia afecta la relación (Génesis 16:1-6)

En la época más temprana de su vida marital, es conveniente recordar que Abraham, junto a su mujer Sara, tuvo que lidiar con la esterilidad, y eso los llevó a actuar sin mirar ni consultar la voluntad de Dios. La premura por dar respuesta a la promesa divina los empujó a buscar soluciones humanas ya premeditadas, lo que incrementó los conflictos y las luchas interiores y familiares.

La presente sección estudia las consecuencias de la falta de espera en la vida matrimonial; es decir, la importancia de aguardar el tiempo señalado por Dios.

A) Ser impaciente trae conflictos (Génesis 16:1- 3)

El deseo prematuro de Sara y su ansia por tomar decisiones erróneas y fuera de foco la condujeron a un error: ofrecer a Agar a Abraham con la finalidad de saciar la necesidad biológica de tener hijos y ser madre.

Este ejemplo ilustra perfectamente cómo los deseos naturales y la presión social pueden llevar a uno de los esposos a incumplir los principios morales y a tomar decisiones que atentan contra la estabilidad, la comunión y la unidad de la vida matrimonial.

Muchas veces pretendemos tener la última palabra y las mejores expectativas, buscando con ello adelantar la agenda de Dios. Intentamos avanzar en el cumplimiento de sus promesas, cambiando sus planes —que son perfectos— por el esfuerzo, las capacidades, las habilidades o los recursos meramente humanos.

Sin embargo, olvidamos que los planes y los caminos de Dios son muy diferentes a los nuestros, que Dios en su calendario tiene marcados sus tiempos y que se encuentra muy por encima de nuestras expectativas humanas y temporales (Isaías 55:8–9).

La narración bíblica nos muestra que, aun cuando las soluciones humanas parecen lógicas y efectivas en el momento de tomarlas, una decisión fuera de los tiempos esperados puede acarrear consecuencias funestas. A corto y largo plazo, las decisiones humanas generan conflictos insalvables en la comunión, el bienestar familiar y espiritual.

Al estudiar la historia de Abraham y Sara, observamos que Dios se mantuvo firme en su promesa. El grave error ocurrió el día en que Abraham aceptó con permisividad la propuesta de su mujer. Al querer complacerla, concibieron un sinnúmero de problemas que luego sufrieron como consecuencia de aquella decisión prematura.

El tiempo impropio de aquellas decisiones no solo ocasionó vacíos temporales y conflictos inmediatos, sino que también sembró rivalidades que se reprodujeron en las generaciones venideras. En la pareja, aprender a esperar es una garantía que propicia la confianza, la estabilidad y evita muchos problemas.

Esta explicación nos invita a reflexionar: ¿cuántas veces nos hemos desesperado, angustiado, preocupado o desanimado porque Dios no ha respondido a nuestra oración, dudando de que pueda hacerlo en el tiempo conveniente, en su tiempo?

En momentos así es cuando buscamos soluciones por nuestros propios medios, entonces inventamos, empujamos e intervenimos con nuestras propias y limitadas fuerzas, olvidando lo que nos enseña el evangelio de San Juan 15:5 acerca de que nada fructífero podemos obtener separados de Dios.

B) Cuando la rivalidad entre familia afecta la relación (Génesis 16:4-5)

Cuando uno de los cónyuges sostiene que su forma de enfrentar un problema es la única y correcta, el vínculo se paraliza y se afecta la comunión y la confianza.

Así sucedió con Abraham, Sara y Agar: cuando Agar concibió, menospreció a Sara, a quien consideraba su dueña, despreciándola y provocando así una rivalidad que terminó quebrando la unidad familiar que existía en aquellos días. Sara reaccionó inmediatamente con resentimiento, desprecio, vituperio, acoso y maltrato, quedando Abraham en medio de estas dos mujeres y, a la vez, sin saber qué decisión tomar.

Hoy en día, muchas parejas enfrentan situaciones similares. Las comparaciones, los celos, las rivalidades, el desprecio, la lucha de egos y la falta de aprecio mutuo generan distanciamiento, malestar, conflictos perjudiciales y frustrantes.

Cuando hay competencia en lugar de unidad, los problemas crecen desmedidamente y la paz familiar desaparece. La Palabra nos enseña que el orgullo es el camino a la caída, pero que la humildad es un principio esencial para mantener relaciones saludables (Proverbios 16:18–19).

Dios diseñó el matrimonio para propiciar el complemento, el acople y el estímulo entre los cónyuges, no para que hubiese competencia, descalificaciones o desprecio. Cuando se le da lugar al orgullo, al resentimiento o al desprecio en la relación, esta se precipita al caos y la destrucción espiritual, moral y muchas veces física.

Por ello, se hace necesario reflexionar frecuentemente en pareja y preguntarnos: ¿Estoy construyendo o debilitando nuestra relación con lo que digo y cómo lo digo? ¿Trato a mi pareja con respeto y admiración como ella se merece?

Dios nos llama a vivir en humildad, consideración, respeto y amor, buscando la unidad por encima del deseo de tener la razón. Solo así la relación matrimonial experimentará la unión y la estabilidad que Dios ha provisto para la pareja.

C) La falta de liderazgo y comunicación debilitan la relación (Génesis 16:5-6)

Abraham aceptó la petición de Sara como un hecho dado; no la puso en discusión, no se opuso ni la contradijo. Este hecho pone de manifiesto las debilidades naturales del ser humano: la falta de firmeza y carácter en el liderazgo.

Tales decisiones oscurecen la voluntad de Dios y resultan contrarias al bienestar y a la realización de la pareja en unidad. Cuando hay falta de discernimiento, madurez y confianza en el

Señor, las decisiones de la pareja tienden a guiarse por impulsos emocionales y deseos naturales, en lugar de someterse a la enseñanza del Señor.

¿Cuál fue el error de Abraham? Haber dado el visto bueno a la propuesta de Sara en vez de pedir dirección al Señor. Aceptó sin atreverse a discutirla, complaciendo el capricho de su esposa. No valoró su papel de liderazgo espiritual, se dejó influenciar y con ello dio lugar a una serie de conflictos familiares y consecuencias generacionales.

En la relación conyugal, el liderazgo no significa sometimiento, sino dirección, equilibrio y protección. El Señor diseñó la relación matrimonial para que prevalezcan la imparcialidad y la toma de decisiones en conjunto. Esto solo se logra si ambos cónyuges se comprometen en unidad a buscar a Dios y le permiten que Él los dirija, asista y proteja.

En la actualidad, encontramos muchas parejas que sufren crisis debido principalmente a la escasa comunión, a la falta de una comunicación sincera, a los comportamientos desconsiderados o a la falta de aceptación por parte de uno u otro frente a una situación que no les satisface.

De aquí que la condición que deben adquirir el hombre y la mujer es la de aprender a comunicarse y a escucharse mutuamente, aceptando y reconociendo las preocupaciones, necesidades y sentimientos que ambos expresan con sinceridad, de modo que se sientan atendidos y no menospreciados o desconsiderados.

Dios llama a los matrimonios a evaluar su relación y a no tomar decisiones precipitadas. Solo así evitarán conflictos, incrementarán la unidad, disfrutarán de comunión y vivirán una relación acogedora y placentera.

2.2. Fe en la relación: entre la prueba y la promesa (Génesis 18:1-15)

La fe en Dios se fortalece cuando es puesta a prueba. Abraham y Sara esperaron durante años la realización de una promesa que Dios les había hecho. Pero con el tiempo, su fe se resquebrajó y aparecieron las tensiones, el desánimo, las dudas y las decisiones precipitadas.

Así, la historia también nos enseña que, aunque las circunstancias puedan parecer contrarias a la Palabra de Dios y a su cumplimiento, Él ya lo ha declarado: siempre es fiel a su compromiso, a su Palabra, en el momento y la hora señalados, en su tiempo perfecto.

Cada crisis es una oportunidad para crecer en la relación matrimonial y para reafirmar la confianza en Dios, quien está atento y escucha a aquellos que le aman, obedecen y esperan en Él, siempre que la pareja mantenga la unidad en su liderazgo compartido.

Por eso, a continuación, explico cómo la hospitalidad, la paciencia, la comunicación y la confianza en Dios pueden contribuir a transformar la relación de pareja, aun en medio de la incertidumbre.

A) La hospitalidad y el servicio en la pareja (Génesis 18:1-8)

La hospitalidad de Abraham y Sara se manifestó de manera activa en el servicio conjunto, como símbolo de unidad y generosidad. La Biblia nos enseña que la hospitalidad, además de ser un servicio voluntario de la persona, es un favor en el cual Dios se complace (Hebreos 13:2).

Mientras Abraham y Sara eran visitados por los varones enviados por Dios, ofrecieron a estos visitantes hospitalidad; no solo manifestaron cortesía, sino que también abrieron la puerta a la promesa que transformaría su historia familiar como pareja.

En la práctica, cuando la pareja abre las puertas de su corazón y de su hogar para servir a los demás, al mismo tiempo fortalece su relación y permite que Dios trabaje en y a través de ellos.

La relación conyugal no debe cerrarse en sí misma ni estancarse, sino, por el contrario, convertirse en un canal para que la bendición de Dios pase a través de ellos y se manifieste, alcanzando la vida de otros.

La hospitalidad puede tomar muchas formas en la actualidad: ayudar a quien lo necesite, dedicar tiempo a otras familias, ser empáticos y cuidar la atención en el hogar.

Cuando una pareja se ejercita en la hospitalidad, construye una relación más fuerte, fundamentada en el amor, la generosidad y el servicio a Dios y a los demás. Sin embargo, incluso en los hogares que buscan agradar a Dios, la fe puede tambalear cuando las promesas parecen tardar, tal como ocurrió con la reacción de Sara frente a la promesa recibida.

B) La risa de la incredulidad y la fidelidad de Dios (Génesis 17:17; 18:9-15)

Sara, al oír la promesa de Dios, se río, no de satisfacción, sino de incredulidad. Al escuchar que iba a tener un hijo después de tantos años de espera, le pareció imposible desde el punto de vista humano.

Su risa representa la lucha entre la razón y la fe, la confrontación entre lo que Dios dice y lo que la lógica humana indica. Este texto nos comunica algo muy especial: la duda no es un obstáculo para que Dios cumpla su palabra.

La fidelidad de Dios no se detiene por nuestras dudas, inseguridades o temores naturales. La fidelidad divina enfrenta nuestros cuestionamientos, inseguridades, desánimos, distracciones y todo lo que pueda parecer insuperable en cada circunstancia.

En la relación matrimonial, las pruebas pueden generar desconfianza; los desafíos económicos, emocionales o espirituales pueden hacer que una pareja dude de la Palabra que Dios les ha prometido. Sin embargo, Dios los alienta a creer en su poder, aunque la lógica diga todo lo contrario.

Aprender a reír con fe es un reto que puede conducir a que la duda se convierta en un testimonio que demuestre la fidelidad de Dios. Cuando una pareja decide creerle a Él, incluso en las situaciones que parecen adversas, experimenta cómo Dios cumple en el momento preciso lo que ha prometido.

Así mismo, más allá de las reacciones emocionales, es la comunicación clara y sincera la que sostiene la fe en momentos de incertidumbre y evita que la distancia emocional crezca en la relación.

C) La comunicación honesta como base de la relación (Génesis 18:9-10)

Reforzar la relación de pareja y dejarse llevar por la intervención de Dios es un hecho fundamental en la vida conyugal.

Cuando esta pareja experimentaba sus dudas, Dios irrumpió. Fue una conversación en forma de monólogo que Él sostuvo, comunicándose de manera cercana con Abraham, pero asegurándose de que también Sara escuchara su mensaje. Esto demuestra que en la relación de pareja no debe haber un solo interlocutor: marido y mujer deben estar informados y, sobre todo, alineados con el plan que Dios tiene para ellos.

La comunicación sincera y completa es uno de los requisitos para la unidad matrimonial. A menudo surgen conflictos cuando uno de los cónyuges no comparte sus metas, temores o inquietudes.

Esa falta de comunicación puede conducir al aislamiento, donde uno se siente poco integrado o excluido de temas que competen a ambos. Así, la relación se debilita. Quizás por eso el silencio y la falta de diálogo alientan el estancamiento, la confusión, la desconfianza y la frustración.

Para que haya una relación unida, sana y fuerte, ambos deben implicarse: escucharse, compartir las tareas y someter sus proyectos a Dios, reconociendo que Él es la provisión, la dirección y la ayuda necesaria para progresar y consolidarse como pareja.

Abraham y Sara reflejan que, aun en medio de dudas y limitaciones, la relación de pareja puede convertirse en un espacio donde Dios fortalece la fe, la confianza y la esperanza para esperar el cumplimiento de sus promesas en su tiempo.

Ellos también muestran que confiar en las provisiones divinas fortalece la unidad y permite vivir la relación con esperanza. A partir de esa confianza, la comunicación y la motivación se convierten en elementos claves para construir una relación saludable y orientada al propósito de Dios.

La pareja que aprende a depender de Dios y a disfrutar de su compañía progresa en unidad, experimenta el poder de la gracia transformadora y llega a ser considerada como una pareja bendecida y aprobada por Él, incluso en medio de las pruebas.

2.3. Cuando el temor debilita la fe en la relación (Génesis 12:10-20; 20:1-18)

Un enemigo silencioso en la relación conyugal es el temor. Cuando un cónyuge se deja vencer por el miedo, su capacidad de decidir queda frenada, y esto puede llegar a afectar la unidad familiar, su confianza en Dios, así como el propósito que Dios tiene para la pareja.

La fragilidad de Abraham se evidencia cuando el temor lo llevó a imaginarse que podía perder la vida y decidió ocultar su relación conyugal con Sara. Este episodio nos deja ver que el miedo mal administrado puede llegar a debilitar la fe, afectar la capacidad de decidir y crear problemas innecesarios en la vida de pareja.

De igual modo, si reflexionamos como pareja, también podemos crecer, aprender de los errores y equivocaciones que hemos cometido, y, por medio de estos, incentivarnos a confrontar nuestros miedos e inseguridades para no volver a repetirlos.

Este relato nos enseña también que, aunque el hombre falle, Dios sigue siendo fiel, pues Él guarda, protege, orienta e interviene en la vida de todo aquel que camina de acuerdo con su propósito.

A) Cuando el miedo gobierna las decisiones

La relación conyugal de Abraham y Sara pasó por una etapa muy aguda, pues él tenía tanto miedo de morir que llegó a negar públicamente que estaba casado con ella, con el consiguiente riesgo de que Sara fuera tomada por otro hombre.

Con esto, Abraham no solo ponía en peligro su matrimonio, sino que también comprometía el plan de Dios con la pareja. Este relato bíblico nos enseña hasta qué punto puede llegar a unirse la oscuridad del temor con las decisiones humanas, al punto de amenazar la relación matrimonial e incluso el propósito divino (Proverbios 29:25).

Esta narración también nos advierte que no debemos permitir que el temor sea quien guíe nuestras decisiones, sino que la fe y la seguridad deben prevalecer siempre sobre el miedo. La Escritura dice: *"no nos ha dado Dios espíritu de temor, sino de poder, de amor y de dominio propio"* (2 Timoteo 1:7).

Actuar bajo la influencia del miedo paraliza y entorpece la relación matrimonial, debilita la fe en las promesas de Dios, incrementa la ansiedad y reduce la capacidad psicológica, emocional e intelectual.

Sin embargo, cuando una pareja enfrenta el temor, no dejándose influenciar y caminando en fe, cimenta su relación sobre bases sólidas, permitiéndole a Dios que los guíe en cada paso y proyecto que emprenden como pareja.

Y es precisamente en medio de nuestras debilidades cuando Dios actúa, protegiendo sus promesas y demostrando que su fidelidad no depende de nuestras fuerzas, sino de su gracia y propósito eterno.

B) Dios protege su propósito, pero reprende la desconfianza

En el matrimonio hay ocasiones en que la duda, el miedo y la incertidumbre oscurecen la confianza mutua, dando lugar a malas decisiones. Abraham se dejó dominar por el miedo, y esas decisiones erradas terminaron pasándole factura.

Él actuó sin confiar en el Señor, pero Dios protegió a Sara y cumplió su propósito, pues su plan nunca puede ser frustrado por la falta de confianza humana, ya que descansa en la soberanía y misericordia divina (Romanos 8:28).

Las parejas de hoy también enfrentan circunstancias que ponen a prueba su confianza y su equilibrio en la relación con Dios: la inseguridad económica, las crisis en la crianza de los hijos o los problemas inesperados que impulsan a tomar decisiones basadas en la incertidumbre en lugar de en la fe.

Pero Dios sigue interviniendo en nuestras imperfecciones y obrando en aquellos que eligen confiar en su dirección y esperan en sus misericordias.

Esta historia nos hace preguntarnos: ¿dejamos que nuestras decisiones se fundamenten en el miedo? ¿O, por el contrario, colocamos nuestra fe en Dios, en su soberanía, aun cuando no conozcamos detalladamente el futuro?

Cuando la pareja no actúa desde la perspectiva del miedo y decide caminar en fe, la relación con Dios se fortalece, y la relación conyugal se acrecienta a medida que el tiempo pasa, siendo una realidad la plenitud de Dios en la pareja.

C) Aprendiendo de los errores para fortalecer la relación (Génesis 12:11–13 y 20:1–3)

Abraham repitió el mismo error dos veces, pero su respuesta y aprendizaje fueron distintos en cada ocasión. Esto refleja lo que viven muchas parejas: lo que debilita no es fallar, sino insistir en el error.

Muchas veces, Dios permite pruebas para fortalecer la fe de las parejas y la relación que ellas mantienen con Él (Santiago 1:2–4). Crecer y madurar como pareja es un aprendizaje constante.

En la vida conyugal también se repiten errores: como discutir siempre por lo mismo, apresurarse en las decisiones, callar por miedo a perder, etc. Estas actitudes pueden convertirse en un ciclo vicioso y destructivo. Pero cuando la pareja decide reflexionar, reconocer sus fallos y renunciar a ellos, se fortalece, transforma sus hábitos y evita repetir el error.

El secreto está en que ambos, y cada uno de manera personal, acepten el deseo de mejorar, tengan la humildad de reconocer sus debilidades y estén dispuestos a construir juntos una relación dinámica. Cuando se ayudan mutuamente en cada vivencia o problema, la pareja que se detiene ante su error y lo resuelve desarrolla confianza, resiliencia y un vínculo emocional más profundo.

Cada dificultad puede ser un impulso para trascender más lejos. En lugar de convertirse en una excusa para distanciarse, se transforma en un motivo que estimula el crecimiento y la evolución en la relación matrimonial. Y mientras las parejas aprenden de sus errores, Dios permanece fiel a sus promesas, mostrando que aun en medio de los conflictos familiares su palabra se cumple en el tiempo perfecto.

2.4. Dios cumple su promesa a pesar de los conflictos familiares (Génesis 21:1-21)

El cumplimiento de las promesas de Dios no implica que no surjan adversidades, pues muchas veces es el inicio de una nueva prueba que demanda fe, sabiduría y madurez emocional.

En Génesis 21, el nacimiento de Isaac es la confirmación de la fidelidad de Dios, pero también marca la agitación de conflictos familiares del pasado que habían quedado sin resolver. La discusión entre Sara e Ismael irrumpió en medio de una celebración familiar, presionando y exigiendo a Abraham que enfrentara un reto muy difícil: debía expulsar de su hogar a su hijo Ismael y a Agar.

Este pasaje nos enseña que los conflictos familiares no se resuelven simplemente con el paso del tiempo, sino que requieren ser abordados con sensatez, sabiduría y determinación.

El Señor se manifiesta en medio de experiencias complicadas y desconcertantes, dándonos libertad en nuestras decisiones y asegurando que su provisión llegue también a quienes no forman parte de sus promesas.

La historia de Abraham y su familia nos muestra que confiar y obedecer a Dios no nos exime de hechos incómodos y dolorosos, sino que nos enseña a transitar cada etapa con fe y determinación.

A) Dios cumple su promesa en su tiempo perfecto (Génesis 21:1-2)

Después de años de espera, Dios cumplió su palabra y finalmente Abraham y Sara disfrutaron de su hijo. Su promesa no llegó cuando ellos más la esperaban o cuando más les hubiera gustado disfrutarla, sino en el momento designado por Dios.

Esto nos revela que, aunque sus promesas no sucedan ni respondan a nuestros deseos o fechas, Él tiene su tiempo señalado para cumplirlas (Gálatas 4:4). La Biblia enfatiza que su soberanía, amor y fidelidad son irrefutables: *"Dios no es hombre, para que mienta... ¿Lo dijo, y no lo hará? ¿Habló, y no lo ejecutará?"* (Números 23:19).

De la misma forma que Abraham y Sara tuvieron que familiarizarse con la idea de esperar el tiempo determinado, confiando y creyendo en la fidelidad de Dios, la pareja que actualmente tiene expectativas también atraviesa diferentes etapas antes de alcanzar su conquista.

Es normal que las respuestas esperadas no lleguen de inmediato, que los problemas económicos persistan, que el embarazo deseado no llegue, o que el familiar que necesita cambiar permanezca igual a pesar de la oración, la recomendación o la corrección.

En esos momentos, la desilusión y la inseguridad pueden apoderarse de la pareja y hacerles dudar de la plenitud de las promesas divinas.

En todo caso, la fe, la confianza y la obediencia a la Palabra de Dios permanecen seguras, firmes y reconfortantes, tanto para la relación con Él como para la vida en pareja. La fe no es solo la certeza de la promesa, sino también la convicción profunda en el tiempo de Dios.

Su plan y propósito siempre son perfectos, y cuando una pareja aprende a descansar en Él, su relación crece y alcanza una paz que solo Dios puede dar. La confianza en el Señor evita la desesperación, la frustración y la desilusión, y conserva la unidad, alejando la ansiedad, porque Él siempre es fiel y su tiempo es el correcto.

B) Conflictos no resueltos en la relación (Génesis 21:9-11)

La burla de Ismael hacia Isaac evidenció una tensión familiar que tenía su origen en decisiones tomadas años atrás, cuando Abraham y Sara, en medio de la espera, "intentaron ayudar" a Dios al recurrir a Agar para tener descendencia.

Este asunto nos enseña que los errores cometidos en el pasado no desaparecen ni se olvidan, sino que, la mayoría de las veces, reverdecen y pueden provocar consecuencias a corto y a largo plazo. La Palabra de Dios nos recuerda que toda decisión tiene sus consecuencias: "...*y que todo lo que el hombre sembrare, eso también recogerá*" (Gálatas 6:7–8).

En la vida conyugal, los desacuerdos no resueltos pueden convertirse en heridas, traumas o resentimientos que, con el tiempo, deterioran la comunión, la comunicación, la confianza y la estabilidad de la pareja.

Hay una idea clave que nunca debe olvidarse: ignorar los desacuerdos o dejarlos a un lado no es la solución, pues tarde o temprano esos problemas saldrán a la luz y afectarán la relación en los ámbitos espiritual, emocional, psicológico y físico.

La única salida verdadera es aclarar los conflictos, confesándolos y sacándolos a la luz para poder resolverlos y experimentar sanidad espiritual y emocional en la vida matrimonial.

El secreto de la comunión en la relación conyugal no radica en la ausencia de conflictos, sino en la capacidad de enfrentarlos con prontitud y decisión. Depender de Dios y buscar su dirección es la mejor manera de resolverlos con justicia y sensatez.

Al renunciar a la vanidad y reconocer la necesidad de restaurar la relación, la pareja no solo la sana, sino que también la fortalece, haciéndola capaz de enfrentar cualquier conflicto sin que el pasado influya en el presente o en el futuro.

C) Dios provee la solución correcta (Génesis 21:14-21)

Con el corazón quebrantado, Abraham tuvo que despedir a Agar e Ismael y, sin saber qué sería de ellos, los envió al desierto. Pero Dios no los desamparó; estuvo atento y escuchó la voz de Ismael cuando lloró de angustia por la sed que padecía, proveyéndole de agua y dándole una nueva dirección para su vida.

Esta historia nos muestra que Dios cuida de los seres humanos, aun en los momentos de mayor necesidad, cuando las circunstancias son adversas o contradictorias.

La Escritura nos revela que Dios hace salir el sol sobre justos e injustos (Mateo 5:45), y aunque muchas veces los seres humanos actuamos con indiferencia y desobediencia hacia Él, su gracia y misericordia se extienden sobre aquellos que le claman y ruegan en medio de la angustia.

Las dificultades que enfrentamos la mayoría de las veces son producto de nuestras malas decisiones; sin embargo, Dios siempre sigue siendo un padre misericordioso, proveedor y fiel (Filipenses 4:19).

Cuando la relación matrimonial basa su fe y confianza en las promesas de Dios, proporciona seguridad, pero también puede haber sorpresas. Porque la impaciencia, la necesidad y la duda operan juntas, y es cuando en la relación conyugal pueden surgir conflictos inesperados y circunstancias difíciles de manejar.

Esto es lo que nos muestra la historia de Abraham, Sara, Ismael y Agar, de quienes aprendemos que los conflictos familiares no resueltos pueden traer sorpresas, enemistad, desintegración y sufrimiento.

2.5. El legado de amor y fe en la relación (Génesis 23)

El legado de una unión matrimonial no se extingue con la muerte de uno de los cónyuges, sino que se cuida, se conserva y se protege a lo largo de la vida y en las decisiones que se tomen en vida.

En el capítulo 23 de Génesis, Abraham, tras la pérdida de Sara, su esposa, procura un lugar propio donde enterrarla, asegurando así, al mismo tiempo, una herencia para su descendencia.

Este pasaje nos muestra que la visión de la herencia familiar y la planificación deben ser priorizadas, y que el legado familiar se transmite a través de las experiencias y los sueños que un día construyeron como pareja deben ir más allá de los bienes materiales de la herencia y de los asignados a sus descendientes.

El legado de amor, fe y decisiones responsables asegura a los descendientes la estabilidad que transmitirán, el sentido de la existencia.

A) Demostrando amor y honor más allá de la vida

En lugar de buscar una rápida y fácil solución para dar sepultura a su esposa, Abraham procuró lo mejor para ella, hasta que fue preciso que su descanso final reflejara el valor y el aprecio con que la había amado. De esta manera reafirmó su amor, reconocimiento y respeto, los mismos con los que la había honrado en vida.

Este acto es una lección sobre el valor y el honor en la relación conyugal, un principio que la Biblia enfatiza de manera rotunda: *"Maridos, amad a vuestras mujeres, así como Cristo amó a la iglesia, y se entregó a sí mismo por ella"* (Efesios 5:25).

El amor por la pareja no consiste solo en palabras, sino que debe expresarse en respeto, atención, consideración y empatía. No es un aspecto reservado para días especiales, sino algo que debe manifestarse en cada acción, detalle, oportunidad y momento, incluso después de la muerte. Las acciones que realizamos hacia nuestra pareja dejan una huella imborrable en la relación y en la familia extendida.

La expresión del verdadero amor y honor está por encima de los afanes del día. Una relación saludable y amorosa se produce cuando cada uno de los cónyuges se dispone y se esfuerza por cuidar, valorar y considerar lo que es el otro.

No solo cuando las cosas van bien en la vida y no se requiere ayuda, atención o colaboración de la pareja, sino que, en cada detalle, muestra su aprecio, valor y gratitud de forma sincera y agradable.

B) Planificación y sabiduría en la relación familiar

Aunque los hititas ofrecieron gratuitamente la tierra a Abraham, él insistió en pagarla, asegurando así no solo un terreno, sino también un derecho legítimo de herencia. Este acto establece un principio fundamental: las decisiones económicas deben asumirse con responsabilidad y con visión anticipada respecto al futuro.

En el ámbito matrimonial, las decisiones financieras deben tomarse con criterio reflexivo, pues forman parte del bienestar de la familia y de las generaciones venideras.

No se debe elegir una inversión sin meditarla. La gestión de los bienes conyugales requiere prudencia para que el patrimonio garantice estabilidad y oriente a la familia hacia un futuro seguro.

Así como Abraham no dejó al azar la adquisición de la tierra para su descendencia, las parejas también deben administrar sus bienes con moderación para que sus expectativas económicas repercutan favorablemente no solo sobre el presente, sino que también su legado familiar sea beneficiado en el futuro.

C) Construyendo un legado espiritual y familiar duradero

Con la compra de la cueva de Macpela, Abraham no solo adquirió un lugar digno donde sepultar a su esposa Sara, sino que también aseguró un punto de encuentro y un legado perdurable. Su decisión trasciende lo material y se fundamenta en principios y valores morales y espirituales sólidos, mostrando que la verdadera herencia en la relación matrimonial no consiste únicamente en bienes económicos.

También significa principios y una fe sólida en Dios, que direccione a las generaciones venideras. El mostrarse como una familia estable no significa solo tener bienes económicos, sino modelar en unidad y enseñar de manera que trascienda como herencia espiritual. Porque el temor y la reverencia a Dios no se demuestran solo con palabras, sino con un estilo de vida responsable que se muestra en pareja y trasciende más allá de la vida.

La historia de Abraham y Sara permite ver que toda decisión debe orientarse hacia el futuro y, sobre todo, ser guiada por Dios, constituyendo un estilo de vida que deja un legado de valores, principios y huellas para las nuevas generaciones.

Honrar a la pareja no es solo mostrar amor, respeto y aprecio en vida, sino también proceder con responsabilidad económica para proveer a los descendientes de un mayor bienestar.

Pensar en las generaciones futuras significa enseñar, evaluar y delegar valores en los cuales deben existir principios morales y espirituales que establezcan bases sólidas en las que los descendientes construyan familias que reflejen la fidelidad de Dios.

Cuestionario: evaluación de fe, comunicación y construcción de legado

A partir de este capítulo, recuerda que seguimos la misma dinámica del cuestionario del capítulo 1. Usa la escala de 0 a 5 —donde 0 significa que no se cumple en absoluto y 5 que se cumple totalmente— para asignar tu puntaje a cada uno de los siguientes aspectos de reflexión.

Aspecto de reflexión	Puntaje (0-5)
1. Cuando uno enfrenta preocupación, oramos y luego nos apoyamos mutuamente.	
2. En decisiones difíciles, priorizamos la oración y el conocimiento mutuo sobre las emociones.	
3. Ante desacuerdos familiares, dialogamos con respeto.	
4. Reconocemos nuestros errores financieros, emocionales o familiares delante de Dios y del otro.	
5. En momentos de desánimo, nos alentamos recordando la fidelidad de Dios y nuestro compromiso.	
6. Frente a presiones externas, buscamos a Dios y decidimos juntos cómo proteger la relación.	
7. Conversamos regularmente sobre formación espiritual, valores familiares y responsabilidad financiera.	
8. Planificamos juntos nuestros proyectos familiares, financieros y personales con visión a largo plazo.	

9. Ante retrasos o incertidumbre, buscamos primero a Dios y luego dialogamos para evitar decisiones apresuradas.	
10. Antes de asumir compromisos económicos, familiares o laborales, conversamos para actuar en unidad.	
TOTAL	

📖 Interpretación de resultados

0–20 puntos — Atención urgente.

La relación enfrenta desafíos importantes en unidad, decisiones y planificación. Es necesario fortalecer el diálogo, buscar a Dios juntos y establecer acuerdos sólidos.

21–35 puntos — Oportunidad de fortalecimiento.

Existen buenas bases, pero también áreas vulnerables, especialmente en comunicación y planificación conjunta. Avanzar en decisiones compartidas consolidará la relación.

36–45 puntos — Proceso de madurez.

Se evidencia esfuerzo por caminar en unidad, aunque aún hay espacio para crecer, especialmente en la construcción de un legado familiar. Perseverar en el diálogo y propósito común los afirmará.

46–50 puntos — Relación firme y proyectada.

La pareja muestra unidad, buena planificación y fe activa. Manteniendo este camino, la relación se fortalecerá aún más y dejará un legado para futuras generaciones.

CAPÍTULO 3

ISAAC Y REBECA: UNIDOS POR DIOS, SEPARADOS POR DECISIONES

La relación matrimonial entre Isaac y Rebeca muestra un trato de amor, confianza y responsabilidad compartida; sin embargo, refleja también un sinnúmero de problemas y equivocaciones que afectaron no solo su vínculo relacional, sino también la convivencia de sus hijos.

La historia de esta pareja ilustra las dificultades de comunicación, la disparidad en la crianza de los hijos y las maneras en que se manipulaban mutuamente para debilitar el matrimonio y el vínculo familiar.

Este relato del matrimonio de Isaac y Rebeca es tan impactante que nos invita a reflexionar sobre nuestras propias relaciones importantes y sirve como una revisión exhaustiva para evaluar cómo cada uno de nosotros se anima mutuamente a crecer en compañerismo, confianza, comunicación y reverencia a Dios.

Este capítulo nos lleva a considerar algunos aspectos significativos del matrimonio y la vida familiar: la influencia de los patrones generacionales en cada cónyuge, los diversos estilos de toma de decisiones en la interacción diaria que pueden apoyar o sabotear la estabilidad del matrimonio, y algunas maneras en que el comportamiento puede alejar a un cónyuge del otro.

También consideraremos la falta de reverencia a Dios y, por lo tanto, la falta de confianza en Él, que puede obstaculizar nuestra comunicación, generar engaño e hipocresía, y causar una ruptura en el hogar.

Basándonos en estos elementos, queremos aprender, reflexionar y repasar estas lecciones con el propósito de evitar repetir los errores de su historia, mientras intentamos desarrollar relaciones sanas y beneficiosas en nuestras vidas.

3.1. Cuando la bendición viene acompañada de desafíos (Génesis 25:19-26)

Isaac y Rebeca eran conscientes de que su relación estaba guiada por Dios; sin embargo, no estuvieron exentos de enfrentar dificultades. Desde el inicio de su relación, esta pareja atravesó situaciones que pusieron a prueba su fe, su unidad y su capacidad de esperar en Dios.

Con un claro deseo de ser padres y de ver la promesa cumplida en torno a su descendencia, ellos tenían un pensamiento definido; sin embargo, con la esterilidad de Rebeca, se afianzó el pesimismo, el silencio y la incertidumbre de lo desconocido.

Este acontecimiento también nos muestra que, aun cuando una relación matrimonial esté sustentada en el designio y el propósito de Dios, no queda exenta de problemas, de incertidumbres y decepciones. Todas ellas pueden convertirse en un momento para crecer, para confiar más en Dios y para reforzar la relación matrimonial.

La reacción de Isaac y Rebeca ante este conflicto natural nos enseña que la bendición de Dios no nos evita dificultades; al contrario, a menudo esas pruebas sirven para incrementar nuestra fe, unidad y dependencia en Él.

A) Desafíos comunes en matrimonios con propósito (Génesis 25:19-20)

La historia de Isaac y Rebeca, una pareja escogida por Dios nos enseña que el matrimonio, esa unión física, emocional y espiritual deseando vivirla con vehemencia, es un sendero de bendiciones, pero también de contratiempos.

El deseo de formar un hogar, establecer una familia que practique la comunión, los valores morales y espirituales, debe ir acompañado con la idea de que no todo es "color de rosa". Lograr una relación conyugal saludable no es sencillo; requiere valentía, fe, paciencia, comprensión, consideración, sacrificio y una visión clara de dónde se quiere llegar como pareja y familia.

Algunas parejas han visto frustrados sus deseos por la pérdida de un hijo o en la crianza de éstos, enfermedades desconocidas que afloran, carencia de una casa propia, dificultades económicas, presiones por fuentes externas, exigencias por resultados laborales.

Estas son experiencias normales que muchas veces hacen tambalear la relación; pero es muy común que surjan esos momentos de crisis y se produzcan tensiones en la relación de pareja.

En la medida en que aprendemos de Isaac y Rebeca, podremos decidir confiar en que Dios guiará, paso a paso, la vida de la pareja, dando la fuerza y el vigor necesario para hacer frente a lo que se vaya presentando.

Su historia nos ofrece directrices sobre la importancia del amor y la fe en Dios, los verdaderos pilares que sostienen la unión y la perspectiva a compartir por parte de una pareja en los momentos más difíciles de la vida.

Los momentos más beneficiosos e importantes suelen llegar a través de las dificultades, amenazas o necesidades, cuando se enfrentan juntos, en acuerdo y unidad.

B) La prueba de la esterilidad (Génesis 25: 21–23)

La esterilidad fue un acontecimiento que sufrió un gran número de mujeres en la historia bíblica. Al igual que Raquel, Ana, Isabel y otras, también en la relación de Isaac y Rebeca.

Las adversidades pueden ayudar a fortalecer o a debilitar a una pareja; este evento fue uno de esos momentos que Isaac y Rebeca les tocó vivir, uno en el que ambos experimentaron frustración, desánimo, tristeza, etc., sentimientos que también son comunes a las parejas de hoy.

Sin embargo, esta pareja eligió el recurso más accesible de todos: la oración en los momentos difíciles y de abatimiento. Isaac y Rebeca pidieron por la intervención divina; así buscaron el consuelo y la dirección a seguir.

Justamente fue entonces cuando descubrieron que la fe y la confianza en Dios son una gran ayuda para afrontar los momentos difíciles.

El mismo ejercicio podemos hacerlo hoy con muchas parejas que pasan por "esterilidades" de una elección, como por ejemplo en la concepción de los hijos, en la resolución de conflictos, en la desesperanza.

Ahora bien, lo que podemos aprender de ellos es que la oración y la confianza mutua son una fortaleza para el desarrollo de la relación. Las parejas que atraviesan dificultades a veces las intentan resolver primero cada uno de manera independiente, sin embargo, la clave radica en unirse y orar, buscar qué quiere Dios para cada decisión.

Podemos llegar a dejar que las adversidades nos separen, o podemos hacer que las adversidades nos unan. Transformar la dificultad en una oportunidad de crecer juntos, a la espera de la voluntad de Dios, pero, además, tener la confianza de que Él nos sostiene en cada paso.

C) Un embarazo difícil y una revelación necesaria para compartir (Génesis 25: 24–26)

El embarazo de Rebeca llegó tras una larga espera, pero posiblemente como ella no lo había imaginado. Ya que desde su vientre le fue revelada la lucha que los mellizos enfrentarían: descubriendo con esto el destino y el conflicto en sus vidas. Rebeca, como madre, buscó información en Dios.

La respuesta que recibió de parte de Dios fue un mensaje acerca del lugar que ocuparían sus hijos dentro del hogar, no en un sentido físico, paternal o maternal. En esta revelación se le dio a conocer el destino y el carácter de cada uno, incluyendo el futuro que les esperaba. Ante una revelación de tal magnitud, ¿por qué, como esposa, no compartirla con Isaac, el padre de sus hijos y compañero de vida?

Esta actitud de Rebeca nos propone reflexionar sobre la importancia y necesidad de comunicar al cónyuge: secretos, fracasos, sentimientos, debilidades propias, revelaciones recibidas, que éste no conoce.

Aunque también, este papel puede ser de parte del esposo, es decir, que él pueda darle a conocer a ella dichos sentimientos o emociones, que ella aún no conoce. Para mejorar nuestras relaciones, es preciso ser más abiertos y honestos con nuestra pareja.

Es necesario buscar el momento y espacio adecuado para darle a saber realidades y verdades que son conocidas por uno, pero ignoradas por el otro. El dar a conocer detalles desconocidos aumenta la confianza, fortalece la unidad y el compañerismo en la pareja.

3.2. Falta de comunicación y preferencias en la familia (Génesis 25:27-34)

El nacimiento de Esaú y Jacob fue motivo de alegría para la pareja, pero también trajo consigo contratiempos inesperados. Al principio, la relación entre padres e hijos parecía normal. Pero a medida que los niños crecían, las diferencias, inclinaciones y actitudes fueron muy notables.

Esaú creció con inclinación por el campo, amante de la caza y la comida. Isaac, su padre, se sentía atraído por la destreza y la capacidad de su hijo para cazar, así como por su habilidad para preparar guisados con los animales apresados. Esto inducía a Isaac a sentirse más cercano y preferir la compañía de Esaú sobre la de Jacob.

Jacob, por su parte, creció con una inclinación hacia la quietud, prefiriendo permanecer en casa. Rebeca se sentía más a gusto con su compañía y cercanía, ya que él estaba más vinculado a las dinámicas del hogar. Lo prefería porque, de alguna manera, reflejaba su propia forma de ser.

El trato diferenciado que Isaac y Rebeca daban a Esaú y a Jacob generó una relación de rivalidad, competencia, hostilidad y desconfianza entre los hermanos, lo cual impactó profundamente la dinámica familiar y personal.

La predilección hacia un hijo o una hija puede ser un hecho natural, pero también puede dar paso a un cúmulo de sentimientos dañinos y dolorosos para los hijos, los cónyuges y la familia en general.

La falta de comunicación directa entre Isaac y Rebeca fue lo que contagió el núcleo familiar. En vez de compartir como cónyuges las revelaciones y necesidades de los hijos, prefirieron no comunicar todo esto y mantener un distanciamiento emocional que fue impregnando el núcleo familiar de rivalidad, resentimiento y amargura.

La desconexión entre los cónyuges llevó a un favoritismo fuerte y destructivo que perjudicó su unión matrimonial.

La historia de esta pareja nos ayuda a ver que el favoritismo tiene un efecto negativo en el ámbito familiar y debe ser visto como inaceptable, dado que, como actitud resulta perjudicial. Constituye una conducta que da lugar a la injusticia, la baja autoestima, el dolor emocional, las heridas y los rencores, generando consecuencias nefastas a nivel individual, familiar y social.

Como pareja, hay que reflexionar sobre las actitudes, acciones y sentimientos que se transmiten a los hijos, dado que uno de los cónyuges, o ambos, pueden tener la tendencia natural de hacer uso de la preferencia —ya sea física, intelectual, emocional, etc.— con el fin de entablar una conexión especial con el hijo o hija preferida.

Isaac y Rebeca nos enseñan, de alguna forma, a no practicar ni permitir el favoritismo, a frenar la rivalidad, las comparaciones, las enemistades y las divisiones, promoviendo la unión, imparcialidad, respeto y valoración familiar.

3.3. Repitiendo los errores del pasado: pecados generacionales (Génesis 26:7-10)

La historia de Isaac y Rebeca nos revela que, en muchas ocasiones, los errores vividos anteriormente no desaparecen con el tiempo, sino que acaban repitiéndose en la siguiente generación, en el mejor de los casos, a menos que hayan sido enfrentados y corregidos, transformando así las conductas erróneas a lo largo del tiempo.

Isaac, temiendo por su vida debido a la apariencia de su mujer, aplicó el mismo recurso que había utilizado su padre: mentir sobre la identidad de su esposa.

Isaac ni siquiera había nacido cuando su padre tomó esta decisión, pero lo notable del caso es que pudo haber reproducido el mismo patrón de conducta que Abraham. ¿Cómo es posible que el error de Isaac fuera la repetición del error de su padre?

Esta historia invita a reflexionar sobre cómo los patrones se transmiten de padres a hijos, no como culpa, sino como tendencias que influyen en decisiones. La narración bíblica advierte que una mala conducta puede extender sus efectos a futuras generaciones, alcanzando incluso la tercera y cuarta generación (Éxodo 34:7).

Cuando Dios habla del alcance de la maldición, no está diciendo que los hijos sean castigados por la maldad de los padres; dicho de otra manera, las conductas y actos equivocados pueden marcar a los hijos, induciéndolos a imitar el pecado o la iniquidad que cometieron sus padres, especialmente si no han sido examinados, confesados y corregidos a su debido tiempo.

El asunto que nos atañe es que Isaac podría haber evitado repetir el mismo error si hubiera hablado abiertamente, en la intimidad de su hogar, sobre ese proceder equivocado y vergonzoso del pasado que terminó llevándolo a aplicar nuevamente el mismo patrón de conducta.

¿Qué hubiera pasado si, cuando Isaac era niño, sus padres le hubieran hablado sobre esos momentos de debilidad y error? ¿Qué habría ocurrido si Abraham y Sara hubieran hablado con su hijo sobre las dificultades que atravesaron y los desaciertos que cometieron?

Esto nos indica la importancia de la comunicación detallada entre pareja e hijos, especialmente en aquellos sucesos que implican errores, secretos o costumbres, con el propósito de alertar, enseñar y corregir.

Son muchas las personas que repiten los mismos pecados o errores negativos de sus padres: en el manejo del dinero, la falta de fe en momentos de crisis, el temor o la falta de prudencia en las relaciones sentimentales. Todo esto podría abordarse en una conversación reflexiva entre pareja y los hijos.

La Biblia nos enseña que el primer paso para erradicar una costumbre, error o pecado de nuestra vida o del hogar es examinar y tomar conciencia de nuestras tendencias. También es fundamental investigar el historial generacional de los patrones que nos han inducido a actuar de manera incorrecta.

Después de reconocerlos, debemos confesarlos y arrepentirnos individualmente, pidiendo perdón a Dios y a los nuestros. Una vez que hemos dado estos pasos, estamos cortando con el pasado e iniciando el camino de restauración y cambio, proyectándonos hacia el futuro y allanando el camino para cada uno, como pareja, y para las nuevas generaciones.

¿CÓMO ROMPER CON LAS MALDICIONES GENERACIONALES?

A) Reconocer el patrón

Uno de los principales escollos a los que nos enfrentamos en el ámbito cristiano y familiar es identificar los errores heredados de generación en generación. En el relato de Isaac, queda claro que no debía cometer el mismo error de su padre, pero, en una situación parecida, terminó reaccionando y actuando de la misma manera.

Esto pone al descubierto una verdad irrefutable: muchas de nuestras actitudes, comportamientos o decisiones no son únicamente cuestiones de nuestra libre voluntad, sino que también vienen influenciadas por factores genéticos, y peor aún, por la cultura, los hábitos, las costumbres y el ambiente familiar en el cual crecimos, lo que marca y proyecta un carácter distorsionado respecto al plan y propósito que Dios ha trazado para el individuo, la pareja y la familia.

Desde la óptica bíblica, este asunto se describe en Éxodo 34:7, cuando dice que la maldad cometida por los padres alcanza hasta la tercera y cuarta generación.

No se debe considerar, por tanto, como una maldición de Dios que se cumple en el hijo, sino como una forma de advertencia genética que hemos heredado, una advertencia que nos prefigura la posibilidad de repetir actitudes y conductas ya adquiridas por generaciones.

Su Palabra nos advierte, sin embargo, que *"El hijo no llevará el pecado del padre"* (Ezequiel 18:20). Por lo tanto, reconocer esas pautas dañinas no debe verse como un ultimátum de condena, sino como un punto de partida para cambiarlas y liberarnos a nivel personal, conyugal y familiar.

Personalmente, en mi vida, he experimentado que algunos patrones de conducta parecen estar tan incrustados e instalados que, en la cotidianidad, se manifiestan de forma involuntaria e incorregible. Ahora bien, al reflexionar al respecto, se hace evidente la necesidad del cambio.

La autoevaluación honesta y reflexiva lleva a rendirse y abrirse a la Palabra de Dios, así como a las palabras de personas sabias que nos ayudarán a identificar conductas y costumbres perjudiciales.

El acatar estos recursos nos impulsará a elegir un cambio genuino, capaz de romper con la tiranía de conductas, costumbres y patrones dañinos que antes se consideraban inevitables e imposibles de dejar atrás, pero que, con la nueva perspectiva de acercamiento y dependencia de Dios, podremos construir un legado ejemplar, tanto como persona, pareja y familia.

B) Tomar decisiones conscientes

Reconocer un patrón de conducta destructiva es solo la primera parte de un proceso. Identificarse como una persona con cierto tipo de conductas perjudiciales implica optar y tomar decisiones que pongan en marcha acciones concretas que ayuden a corregir y mejorar mediante caminos radicales.

El relato de Isaac pone de manifiesto que el pasado puede ser una fuerza predominante que condiciona, de repente, nuestra vida aquí y ahora; pero también puede impulsarnos a reflexionar para descartarlo para siempre.

Gracias al relato de Isaac podemos decidir no repetir la historia de nuestros antepasados. Por ejemplo, Josué fue un hombre que marcó un nuevo comienzo en su vida y en su familia, y expresó: *"Yo y mi casa serviremos al Señor"* (Josué 24:15).

De igual manera, de forma individual, podemos impulsar en nuestra familia un cambio en los patrones heredados —genéticos, culturales y tradicionales— que muchas veces limitan el avance moral y espiritual que necesitamos como personas, como pareja y como familia.

También es una oportunidad para preguntarnos cómo lo estamos haciendo. ¿Estamos repitiendo patrones dañinos que no aportan a la pareja ni a la familia? ¿Cómo manejamos el dinero? ¿Cómo resolvemos los conflictos? ¿Cómo reaccionamos ante lo que no nos gusta? ¿Hay temas que evitamos hablar en casa?

Debemos entender que no se trata solo de evitar el error, sino de poner en marcha un proceso saludable y abierto que promueva actividades, encuentros, charlas y espacios de esparcimiento.

Todo ello debe conducir a generar un clima de confianza, de acercamiento y de celebración sana, en el que cada uno pueda expresarse con naturalidad, sin temor a ser reprendido, avergonzado o señalado.

He aprendido que la determinación en la toma de decisiones implica reflexión y valentía, sobre todo cuando estas decisiones involucran ir en contra de tradiciones, culturas, credos, presagios, arraigos familiares o expectativas sociales. Pero cuando se decide cambiar ese legado improductivo y rutinario, y establecer nuevos principios en la vida cotidiana, se rompe con lo que ha traído vergüenza, esclavitud y desconcierto.

No solo nos disponemos a ser transformados en nuestra propia vida, sino que también aspiramos a dejar un legado diferente para las nuevas generaciones. Romper con el pasado es posible si somos conscientes de cada decisión intencional y premeditada, buscando sembrar un futuro nuevo y agradable para los que vendrán (Gálatas 6:7-8).

C) Orar por sabiduría y sanidad familiar

En la naturaleza humana tampoco puede haber un cambio auténtico, profundo y duradero si no hay espacio para Dios, quien está permanentemente atento y disponible para transformar toda vida que vea y sienta la necesidad de ser transformada.

Jesucristo, el Hijo de Dios y Salvador del mundo, también fue enviado para restaurar relaciones, familias y vidas deshechas por el sufrimiento, el dolor y las malas decisiones tomadas en el pasado.

Muchas personas, parejas y familias cargan una herencia conflictiva que ha sido transmitida de generación en generación. Sin embargo, esto no significa que deban vivir bajo esa carga por el resto de su vida.

Por el contrario, una persona reflexiva, con verdadera disposición de cambiar su situación, decide enfrentar y romper toda forma de opresión, esclavitud o carga —personal, conyugal o familiar— que haya marcado su vida.

En este proceso, la oración no es solamente un acto religioso; es hablar con Dios, un recurso sencillo y eficaz para encontrar salida a cualquier situación persistente en la que nos encontremos.

Santiago 1:5 nos enseña que quien pide a Dios sabiduría para tomar decisiones conscientes, renovarse y prevenir errores, puede encontrar sanidad y restauración en aquellas relaciones que han sido afectadas por decisiones del pasado que aún no han sido tratadas.

No basta con saber qué hacer; también es necesario ser sanados de los traumas, heridas emocionales y psicológicas que hemos arrastrado del pasado, para evitar caer nuevamente en los mismos errores cometidos.

El proceso de investigar conocer nuestro linaje familiar, la auto confesión de las iniquidades, el perdón y la búsqueda de libertad en Cristo, nos permite establecer nuevas relaciones tanto en el presente como en el futuro.

Cuando una familia decide cambiar y poner a Dios en el centro de su vida, el ambiente se transforma, logran que Dios los escuche, los perdone y los restaure (2 Crónicas 7:14).

A partir de ahí, todo lo que se haya hecho mal en el pasado ya no importa, porque Dios siempre brinda oportunidades para escribir una nueva historia de reconciliación y restauración, donde el amor, la comunión, la unidad y el respeto se establezcan y compartan. Con su guía, podremos reconstruir un hogar sano, dejando un legado saludable y protegido para las generaciones futuras.

3.4. Ruptura en la comunicación y el engaño en la familia (Génesis 27:1-46)

La narración de Isaac y Rebeca llega en este momento a uno de los pasajes más delicados y dolorosos en la vida de esta pareja y familia.

La falta de un diálogo sincero entre los esposos, la toma de decisiones en el seno del hogar y la conducta engañosa, deshonesta y manipuladora provocaron una cadena de sucesos que destrozaron la confianza matrimonial y propiciaron una ruptura en esta familia.

Génesis 27 no solo menciona las acciones de una familia que deterioró sus relaciones, sentimientos, actividades y proyectos familiares, sino también el alcance de lo que significa suplantar la honestidad por la astucia, la verdad por la mentira y la manipulación por la moderación.

La buena noticia es que, a lo largo de estas decisiones incorrectas, también se dejan enseñanzas extraordinarias sobre la importancia del diálogo, el rechazo a la manipulación y la urgente necesidad de establecer relaciones basadas en la verdad.

A pesar de lo negativo de esta historia, también nos recuerda que siempre hay una vía de resarcimiento que podemos elegir por encima del orgullo y del deseo de control.

A) Cuando la pareja se aleja

La historia de Isaac y Rebeca en Génesis 27 describe cómo la ausencia de comunicación en esta pareja los llevó a malentendidos, frustraciones, división y una dispersión familiar. Isaac, basado en su propia percepción, opta por bendecir a Esaú sin tener en cuenta el propósito de Dios.

Por su parte, Rebeca no buscó discutir lo que quería obtener para su hijo Jacob con su esposo, sino que actuó astutamente, manipulando la situación para lograr que Jacob asegurara su herencia por medio del engaño.

La falta de conexión y diálogo los condujo a actuar de forma individual, generando sentimientos nocivos como la ingratitud, el resentimiento y la amargura, y provocando así una disolución familiar que se perpetuó durante generaciones.

Hoy en día, muchas parejas viven conflictos similares a esa toma de decisiones; solo que, a menudo, lo hacen en soledad, sin tener presente la opinión de la otra persona, dejando que el silencio, la desconfianza y el resentimiento se conviertan en los sustitutos del diálogo y el contacto personal.

Es absolutamente necesario que, cuando una persona se encuentra dentro de una relación conyugal, dé la importancia debida a una comunicación sincera, al intercambio de situaciones entre ambos y a contar con Dios, porque solo Él puede guiarnos durante todo el camino y orientarnos, ya que es Él quien tiene el camino correcto.

De esta manera, construimos un hogar donde no haya lugar para la manipulación, falsedad ni secretos, y donde se manifiesten constantemente la confianza, comunión, sinceridad y unidad.

B) Los sustitutos en el matrimonio (Génesis 27:1 – 4)

La lectura de los primeros versículos de Génesis 27 nos muestra un rompimiento indiscutible en el tipo de matrimonio que tenían Isaac y Rebeca.

Isaac, en vez de compartir con su esposa un simple antojo natural, escoge a su hijo Esaú para que le prepare un plato de la comida que le gusta, porque parece ser que su hijo lo conoce mejor y, quizás, está más dispuesto a ayudarlo que su esposa.

Rebeca, por su parte, en lugar de hablar para buscar una alternativa, decide manipular incorrectamente a sus hijos. Este comportamiento también es un fenómeno muy habitual: cuando se rompe el diálogo, aparecen los sustitutos como rutas de escape para cargar emocionalmente la relación matrimonial.

La Biblia nos enseña que la relación conyugal debe estar cada vez más compenetrada, en donde cada cónyuge tiene un papel fundamental para que no surjan esas desconexiones que faciliten la influencia de opiniones externas y negativas que pueden perjudicar la relación matrimonial.

En la cotidianidad, el alejamiento emocional, verbal o físico puede surgir por diversos sustitutos: el exceso de trabajo, la atención centrada exclusivamente en los hijos, el mal uso de las redes sociales, la utilización excesiva de dispositivos electrónicos o por las amistades que vienen a desplazar el lugar de la pareja.

Y, de esta forma, puede transformarse la relación en inhóspita y vulnerable, en vez de sobrellevarse mutuamente, buscándose para satisfacerse física, emocional y espiritualmente, protegiéndose así del desapego, distanciamiento y abandono conyugal y familiar.

La restauración de la unión matrimonial exige decisión y voluntad: dedicar tiempo, propiciar la intimidad en la comunicación, recordar que la relación de pareja se va construyendo cuando ambos, voluntariamente, determinan buscar la unidad y despojar cualquier tipo de sustituto o distracción que surja en la relación.

La comunión y unidad no son automáticas, sino que se cultivan diariamente con respeto y disponibilidad.

C) Engaño y manipulación en la familia (Génesis 27:5 – 18)

La falta de diálogo, la indiferencia y la desconfianza en esa pareja derivaron en la confabulación que Rebeca llevó a cabo en una traición premeditada a espaldas de Isaac y Esaú, convenciendo incluso a Jacob, quien reconoció su propia culpabilidad.

Rebeca, en vez de comunicarle abiertamente a Isaac cuál de los hijos había recibido la bendición patriarcal, recurrió a la mentira, la manipulación y la deshonestidad: planeó a espaldas de su esposo e involucró al hijo Jacob como cómplice del engaño. Esto deja entrever el alto costo que puede tener una conducta deshonesta dentro de un mismo hogar.

En el momento en que la confianza mutua no se combina en el interior del ser humano con el temor a Dios, se produce una separación entre la pareja y la familia, afectando la relación interpersonal y generando un efecto perjudicial en las nuevas generaciones. No hay que olvidar que Dios le había prometido la bendición a Jacob, pero Rebeca saltó la fe que Dios tenía en ella, pues no esperó el tiempo señalado por Él.

La pareja que no sabe hablar, que deja espacio a la indiferencia y provoca el recelo mutuo, crea el ambiente propicio para que alguno de los dos ejerza manipulación, aprovechando cualquier circunstancia a favor de sus intereses individuales.

Consecuentemente, surgen enfrentamientos, desacuerdos y tensiones, provocando desconfianza e incrementando las reacciones que pueden llevar a consecuencias graves que afecten tanto a los cónyuges como a la familia en su conjunto. Los hijos aprenden de sus padres: si ellos ven engaño, deshonestidad, irrespeto, manipulación y mentira, podrán replicar estos patrones negativos.

Un matrimonio feliz no puede basarse en artimañas ocultas, sino en pilares como la comunicación clara, el respeto, la confianza mutua y la disposición a aprender lo que aún se desconoce.

Cuando se establece que sea Dios quien indique a la pareja la dirección que deben seguir para tomar decisiones adecuadas, los conflictos cesarán y se tendrá una relación sana y una familia cada vez más unida.

3.5. Cuando los malos hábitos destruyen la familia (Génesis 27:22; 41 - 45)

La astucia y manipulación de Rebeca, junto con la estrategia de engaño de Jacob, tuvieron consecuencias desastrosas para toda la familia. Por un lado, se resintió la pareja; por otro, se dañó la relación entre padres e hijos y se quebró el vínculo entre hermanos.

A Jacob le tocó salir huyendo y separarse de su familia por muchos años, sin tener la más mínima comunicación, y mucho menos contacto con ellos; es más, nunca volvió a ver a su madre. Rebeca, la que ejecutó el plan, pagó un precio muy alto, pues nunca volvió a ver a su hijo amado.

Por su parte, Génesis 27:41–45, muestra el estrago de una mala comunicación, a lo que puede conducir la indiferencia, las consecuencias de la deshonestidad, la ambición, el engaño y las secuelas que podrían alcanzar a las nuevas generaciones. No en vano dice Proverbio 14:1 "La mujer sabia edifica su casa, pero la necia la derriba con sus manos".

La pareja, a menudo, se enfrenta a conflictos no por grandes problemas, sino muchas veces por minucias sobre las cuales no han hablado: prolongados silencios, supuestos equivocados y decisiones tomadas a espaldas del otro. Son esas pequeñas "zorras" que rompen el lazo o vínculo más afectuoso de la relación (Cantares 2:15).

Sería bueno hacerse la pregunta: ¿estoy edificando o destruyendo mi relación conyugal y familiar con mis palabras y mis decisiones? Priorizar el diálogo, la transparencia y la confianza mutua es lo que puede proteger la relación conyugal y familiar de fracturas irreparables, y permitir construir un hogar sano y armonioso.

Cuestionario: comunicación, unidad y legado en la relación de pareja

Para este capítulo, recuerda que seguimos la misma dinámica del cuestionario del capítulo 1. Usa la escala desde el 0 hasta el 5 —donde 0 significa que no se cumple en absoluto y 5 que se cumple totalmente— para asignar tu puntaje a cada uno de los siguientes aspectos de reflexión.

Aspecto de reflexión	Puntaje (0-5)
1. Tomamos decisiones importantes juntos, considerando el punto de vista de ambos.	
2. Tenemos libertad para hablar de cualquier tema, incluso los tensos.	
3. Conversamos con sinceridad sobre sueños, temores y planes.	
4. Evitamos preferencias entre nuestros hijos y los tratamos con equidad.	
5. Compartimos preocupaciones sobre la crianza y actuamos en unidad.	
6. Procuramos que nuestros hijos vean coherencia, respeto y unión en nuestra relación.	
7. Reconocemos y trabajamos para no repetir conductas negativas heredadas.	
8. Tomamos decisiones para crear una nueva historia familiar basada en respeto y buen trato.	
9. Evitamos secretos y manipulación, actuando con honestidad y transparencia.	
10. Buscamos restaurar la confianza y la unidad cuando surgen conflictos.	
TOTAL	

0–15 puntos — Zona crítica.

Hay señales de desconexión en comunicación, confianza o crianza. Pueden existir heridas o patrones dañinos. Es un momento clave para buscar apoyo y reconstruir desde el respeto mutuo.

16–30 puntos — Bases frágiles con oportunidad de restauración.

Existe intención, pero también hábitos o silencios que afectan la unidad. Este nivel invita a revisar con sinceridad lo que debe cambiarse para fortalecer la relación.

31–45 puntos — Desarrollo saludable.

La pareja avanza con coherencia y diálogo, aunque debe cuidar que la rutina o el silencio no afecten la transparencia. Todavía pueden consolidar más su legado familiar.

46–50 puntos — Relación madura y con visión compartida.

La relación se sostiene en confianza, comunicación y respeto. Han aprendido del pasado y construyen un legado con propósito, siendo un referente positivo para otros.

CAPÍTULO 4

JACOB Y RAQUEL: AMOR, ENGAÑO Y CONSECUENCIAS FAMILIARES

La relación amorosa entre Jacob y Raquel forma parte de las historias más extraordinarias de la Biblia, no solo por lo que tiene de particular, sino también por lo lleno de matices y sutilezas que resulta ser lo que parece el relato de un amor verdadero: la historia de un hombre dispuesto a trabajar durante catorce años por la mujer de sus amores.

Es la historia de un amor que quiere resolverlo todo, pero al que se va tejiendo una serie de intrigas, rivalidades y manipulaciones familiares que imponen el tipo de familia al que se quiere pertenecer.

Jacob, el hombre que engañó a su hermano en otras circunstancias, en esta ocasión se convierte en víctima del engaño de su propio suegro.

Lea, la mujer no deseada, se esfuerza por dominar la voluntad de su marido; Raquel, la mujer deseada, llega a experimentar una profunda sensación de insatisfacción; y, en medio de todo, Jacob se acomoda en el conformismo y permite que su casa sea regida por la competencia, la rivalidad y el desorden.

En los capítulos 29 al 31 de Génesis se desarrolla no solo la historia de Jacob y Raquel, sino que también aprendemos algunas de las enseñanzas profundas que podemos adaptar a nuestras propias relaciones. ¿Cómo los patrones heredados afectan la relación de pareja? ¿Qué sucede cuando confundimos el amor con una competencia opresora? ¿Qué acontece cuando no se ejercita el liderazgo en la relación matrimonial? Y, en medio de todo esto, ¿qué lugar ocupa Dios en el caos relacional y emocional?

Todos estos interrogantes se irán respondiendo a medida que se avance en el análisis realizado de esta pareja desde la perspectiva bíblica.

Esta también nos advertirá del peligro de la falta de comunicación, de lo que representan los intereses o las necesidades individuales, los cuales luchan por imponer su propio criterio en la relación matrimonial. Más que una historia de amor, la relación de Jacob y Raquel es un espejo de la vida real.

También es una exhortación para que, como personas y parejas, se le permita a Dios asumir la dirección de la vida personal y de la relación conyugal, porque sin la intervención divina no se logrará construir una relación matrimonial en bendición, paz y bienestar.

4.1. Herencia de patrones familiares

En las relaciones de pareja, la mayoría de las veces se sufre un impacto inesperado, porque cada persona trae consigo una herencia biológica, cultural, tradicional, patrones genéticos, costumbres aprendidas y una formación familiar que son los que van a modelar el estilo de vida en la relación.

Jacob no solo heredó las promesas de Dios a través de Abraham, sino también el impacto del engaño y la manipulación, transferidos por su familia. Su madre Rebeca engañó a Isaac para asegurar que su hijo Jacob obtuviera la primogenitura, y Labán su tío, utilizó el mismo esquema para que trabajara catorce años por Raquel, la mujer que Jacob quería.

¿Cuántas veces repetimos la historia familiar, señalamos los errores de otros y, sin darnos cuenta, cometemos los mismos que criticamos? Copiamos, de forma involuntaria e inconsciente, patrones aprendidos en casa: cómo resolvemos los conflictos, cómo expresamos el amor, cómo manifestamos el disgusto, cómo ganamos el dinero y qué entendemos por "éxito" en la relación de pareja, en el trabajo y en la vida profesional.

La narración de Jacob evidencia el impacto que los esquemas y comportamientos familiares tienen en su propia vida, así como en la de sus esposas e hijos. Si su madre le favoreció sobre Esaú, Jacob también favoreció a Raquel y a una parte de sus hijos, generando celos, rivalidades y resentimientos en su hogar.

Esto nos lleva a una pregunta: ¿construimos una relación conyugal sobre buenas prácticas, o repetimos un patrón que hemos visto en la familia sin pensarlo?

La Escritura enseña que Dios no ignora estas costumbres negativas y, aun así, nos permite romper la herencia dañina que hemos recibido. Por lo tanto, meditar sobre las prácticas familiares enfermizas, puede convertirse en un ejercicio transformador hacia buenas y mejores prácticas.

4.2. La justicia de Dios ante el menosprecio en la pareja (Génesis 29:31-32)

El amor no correspondido se convierte en uno de los sentimientos y heridas más agudos e intensos que una persona puede experimentar, y Lea lo comprobó en su propia vida: se casó con Jacob, quien nunca la eligió a ella como esposa; su corazón estaba ligado a Raquel, en medio de un triángulo matrimonial donde nunca se experimentó el amor.

A pesar de que Jacob menospreciaba a Lea, Dios le permite tener hijos (Génesis 29:31). Cuando el Señor ve la condición afectiva de Lea, que no es amada, Él actúa haciéndola ver su dignidad, dándole hijos. Esto nos muestra que Dios no se queda inmóvil ni en silencio cuando una persona sufre dentro del hogar.

A pesar de que la cultura de la época otorgaba valor a la mujer a partir de su fertilidad, Dios utilizó ese mismo contexto para restablecer la autoestima de Lea como mujer.

El hecho de que Dios le concediera a Lea tener hijos no logró apresar por completo el corazón de Jacob, a pesar de que fue una manifestación del amor y la bendición de Dios. Sin embargo, permitió mostrarle a Lea que su valor no dependía de la demostración del amor que su esposo tuviera por ella, sino de la misericordia, del amor y de su relación con Dios.

En la actualidad, muchos cónyuges buscan valoración a través de las palabras y el afecto que les brinda su pareja, como si su identidad y valor dependieran de ello. Es común escuchar frases como: "Si me quisiera, haría esto por mí" o "Si realmente me amara, cambiaría".

Pero esta historia de Lea nos enseña que Dios mira lo que las personas no ven y que Él interviene en favor de aquellos que son avergonzados y despreciados.

Ciertamente, la justicia de Dios no se traduce en cambiar a la otra persona, sino que nos lleva a aprender y a concientizarnos de que nuestra identidad y valor no dependen del concepto o la aceptación que otros tengan de nosotros.

El reto está en dejar de medirnos con el concepto o medida que tienen los que nos rodean, y empezar a medirnos con lo que Cristo hizo por nosotros en la cruz y con lo que continuará haciendo actualmente y en el futuro a favor nuestro (1 Juan 3:2).

4.3. La necesidad de aceptación y validación (Génesis 29:34, 30:1)

Desde tiempos remotos, en el ser humano ha existido una necesidad profunda de ser aceptado. Esta ha sido una de las batallas más intensas que ha enfrentado el ser humano. Lea era consciente de que nunca fue la preferida de Jacob, e intentó cambiar su condición ganándose su amor a través de sus hijos.

Con cada nuevo hijo, esperaba que Jacob la quisiera, que la valorara y que la eligiera: *Ahora sí lograré llamar su atención, Ahora sí me amará*, pensaba cada vez que daba a luz, con la esperanza de que él se uniera a ella (Génesis 29:32–34). Pero la realidad es que el entorno y la relación nunca cambiaron.

Esa búsqueda de valoración a través de la maternidad refleja lo que muchas mujeres y hombres hacen hoy en día: llenar sus vacíos emocionales por medio de logros, apariencia, aprobación social, éxito profesional o nivel económico.

No obstante, cuando la identidad está construida por apreciaciones externas —por lo que tenemos, por lo que dicen otros que somos o por cómo nos miran los demás —, el resultado es solo un espejismo, una fuente de frustración y autoengaño.

Raquel también vivió la misma lucha, pero desde el otro extremo: aunque contaba con el amor de Jacob, sentía que no era suficiente. No se veía realizada ni valorada porque no podía tener hijos. Su sentimiento de envidia hacia su hermana Lea desplegaba frustración, desesperación y la sensación de ser una mujer sin valor. Su demanda o reclamo fue: *"Dame hijos; y si no, me muero"* (Génesis 30:1).

Estas dos mujeres cayeron en el engaño de creer que su valor dependía de alguien o de algo externo: Lea buscaba la aprobación de Jacob dándole hijos; Raquel, la validación por medio de la maternidad. Hoy en día, este mismo dilema se presenta en aquellas relaciones donde se busca la aceptación o el amor mediante logros, sacrificios o demostraciones de afecto forzadas.

Sin embargo, la historia de Lea y Raquel brinda una gran lección: la verdadera identidad no está en lo que se posee, aparenta, logra o en el concepto que se tiene de uno mismo; el verdadero valor está en lo que somos para Dios, por medio de Jesucristo (1 Pedro 1:18–20).

4.4. La competencia entre hermanas y la autosuficiencia humana (Génesis 30:1-8)

Cuando la inseguridad invade el corazón, la competencia negativa se manifiesta de forma inevitable. Raquel, desesperada por su condición de estéril, dejó de ver a Lea como hermana para convertirla en una rival, movida por la desesperanza de tener hijos.

En lugar de buscar a Dios para sacar algo bueno de la prueba que estaba viviendo, intentó conseguir por sus propios medios lo que solo Dios puede dar, entregando a su sierva Bilha a su marido Jacob para que la fecundara en su nombre (Génesis 30:3).

En el fondo de este acto, Raquel demuestra ser más desesperada que creyente, lo que solo sirvió para intensificar la lucha entre ellas.

Cada una buscaba lo que más deseaba: el reconocimiento y el cariño de su esposo. En nombre de ello, utilizaron a sus siervas y, posteriormente, a los hijos de estas como trofeos de victoria. Al ver que Raquel se adelantaba en la carrera con los hijos de su sierva, Lea hizo lo mismo y dio a su sierva Zilpa a Jacob (Génesis 30:9).

Por lo tanto, el hogar de Jacob se convierte en un campo de batalla, donde se experimenta la competencia, la disputa y la manipulación; un espacio en el que, para poder relacionarse y recibir afecto se presenta una lucha constante. Esta misma realidad se encuentra en muchas parejas actuales, donde las personas se valoran por los resultados, los méritos, los títulos, el comportamiento o la apariencia.

Esta situación genera preocupación, frustración y desprecio hacia uno mismo, especialmente cuando la dinámica se vuelve enfermiza y cada cónyuge intenta demostrar su valía a través de sacrificios, complacencia o la búsqueda de objetivos personales reprimidos emocionalmente. Es entonces cuando surgen las dinámicas tóxicas.

El ser humano necesita la expresión espontánea, libre, genuina y natural de sus emociones. Cuando se ejerce presión —ya sea autoimpuesta o proveniente del otro—, la expresión emocional se distorsiona: se interiorizan el cansancio, la ansiedad y la depresión, o, en contraposición, se exterioriza mediante agresiones verbales, psicológicas o físicas.

Todo ello provoca que la relación naufrague, se estanque y pierda sus cimientos, produciendo insatisfacción, desmotivación y, finalmente, resignación, o hasta separación.

La enseñanza que se desprende de la historia de Lea, Raquel y Jacob es incuestionablemente clara, real y profundamente humana. Dios desea que el plan y el propósito de la relación conyugal se cumplan por medio de la fe y la dependencia de Él, y no a través de la voluntad humana, la competencia o la manipulación.

Solo el reconocimiento de nuestras debilidades y vulnerabilidades naturales puede llevarnos a entregarnos a Dios, dejándolo actuar, para recibir su ayuda y dirección.

De esta manera podemos hallar paz, comunión y unidad en la relación matrimonial y familiar, transformando el presente y abriendo la posibilidad de un futuro saludable, de crecimiento y de propósito para la pareja y la familia.

4.5. La búsqueda de consuelo temporal en la relación de pareja (Génesis 30:8-23)

Lea vivió buscando constantemente el amor y la aprobación de otros. Intentó llamar la atención de Jacob y llenar el vacío de su vida mediante la procreación de hijos. Sabía que Jacob no la amaba como a su hermana Raquel; sin embargo, al admitir su realidad, buscó a Dios y, en esa relación, halló la identidad que necesitaba.

Cada nuevo nacimiento se convertía en una "esperanza estimulante": "Sí, ahora sí me amará" (Génesis 29:32); "Sí, ahora se unirá a mí" (Génesis 29:34). Pero el amor de Jacob nunca llegó, y la necesidad emocional de esta mujer nunca fue satisfecha, aunque su fertilidad le favoreciera.

El tiempo pasó y se produjo un breve cambio en la perspectiva de Lea. Dejó de mirar y desear el amor de Jacob y le dio gracias a Dios por la bendición de ser madre (Génesis 29:35). Pero, aunque puso su mirada y su fe en Dios, el sentimiento de rechazo seguía presente. A pesar de haber dado a luz varios hijos, persistía la necesidad de sentirse amada por el hombre que se había casado con ella.

En esa búsqueda desesperada, cambió mandrágoras con su hermana Raquel para pasar una noche con Jacob (Génesis 30:14-16), evidenciando así su deseo y necesidad de poder reconquistar el amor de su vida.

Esta historia refleja una dura realidad de la vida: aunque una persona esté participando y creciendo en la fe, puede aún tener sentimientos y heridas no sanadas que la estimulen a buscar consuelo en lo temporal. Es lo que se observa en muchas personas que intentan llenar sus necesidades o vacíos emocionales por medio del éxito laboral, el reconocimiento social, logros personales, e incluso auto sacrificando la relación de pareja.

Pero toda consolación que esté basada en circunstancias perecederas jamás producirá satisfacción interna ni realización completa.

La historia que nos presenta Lea tiene mucho que enseñarnos y, a decir verdad, expresa algo que es, fundamentalmente, de interés para todos aquellos que lean estas páginas: la autoestima no se halla en las personas que nos aceptan, en las metas que alcanzamos ni en el hecho de tener o pertenecer a algún grupo social que nos define.

La estima tampoco proviene de la familia de la que venimos ni del lugar donde nacimos, sino de la relación que mantengamos con Dios.

No se trata de cerrar la puerta de la vida a las emociones, sino de aprender a mirarse con la mirada del mismo Hijo de Dios, nuestro Salvador y Señor, quien nos ama y nos valora no por lo que hacemos o tenemos, sino por lo que somos en Él y con Él.

Este es el único camino que lleva a la auténtica fuente de seguridad y plenitud de vida, la que propicia la verdadera autoestima (Colosenses 2:9–10).

4.6. Jacob: Un hombre falto de carácter y liderazgo en su hogar (Génesis 30:14-17)

Jacob fue un hombre a quien Dios le hablaba, que fue escuchado, cuidado y finalmente bendecido de manera muy especial hasta el final de su vida. Sin embargo, la falta de carácter y liderazgo hizo que Jacob se convirtiera en un hombre pasivo, tolerante e incapaz de guiar y poner orden en su casa.

Su amor hacia Raquel era innegable, pero no tuvo la valentía de conducir con sabiduría su relación de pareja y su familia, permitiendo que la rivalidad, la competencia y la manipulación crecieran. Esto provocó un torrente de rencores, descalificaciones y disputas entre sus esposas, creando un clima de hostilidad que se extendió y terminó arrasando con el hogar.

Cuando Raquel, desesperada por no poder tener hijos, le gritó a Jacob: "Dame hijos, o si no, me muero" (Génesis 30:1), él no tuvo la reacción prudente ni comprensiva que se esperaría de un líder sabio y empático ante el sufrimiento de su esposa amada.

Por el contrario, su respuesta fue impulsiva, propia de alguien que carece de profundidad para entender la necesidad emocional de su familia: *"¿Acaso puedo yo estar en lugar de Dios?"* (Génesis 30:2).

Jacob no fue empático ni comprensivo; su reacción alimentó aún más la competencia, el rencor y la inseguridad, creando confusión y abriendo la puerta a la susceptibilidad y la cólera entre las esposas de su hogar.

Otra situación que dejó al descubierto su pasividad y su escasa capacidad para establecer y guiar la relación de pareja fue aquel momento en el que Lea negoció una noche de "alquiler" con Raquel a cambio de unas mandrágoras (Génesis 30:16).

Este vergonzoso acto de intercambio conyugal muestra claramente que Jacob no gobernaba su hogar ni espiritual ni moralmente, sino que se dejaba llevar por sus esposas, permitiendo que ellas decidieran con cuál debía pasar la noche. Se rebajó así a ser un objeto fácil de intercambiar sexualmente. Tal relación familiar deja en evidencia una pasividad continua en las relaciones interpersonales de este matrimonio.

Jacob, como esposo y cabeza de la familia, debería —y podría— haber asumido la responsabilidad de establecer límites y normas que regularan el desorden, la indiferencia, la moderación y el respeto; pero consintió que en su casa hubiera manipulación, desorden y competencia desleal.

Su pasividad, mantenida a lo largo de los años, terminó por contagiar incluso a sus hijos, hasta el punto de que ellos también aprendieron patrones de engaño, favoritismo y rivalidad.

La dinámica de este tipo de liderazgo, caracterizado por la permisividad o la excesiva tolerancia, está presente en muchas familias actuales. Cuando uno de los cónyuges —el esposo, en este caso, líder por definición de la relación matrimonial— no cumple con su responsabilidad de liderar, presidir y dirigir la vida espiritual, moral y social del hogar, y lo deja todo en manos de su cónyuge, de otra persona o de las circunstancias, esta forma de proceder desemboca en desorden y descontrol familiar.

Una relación conyugal o familia saludable, responsable, sólida y emprendedora no se construye con pasividad, deseo o buenas intenciones. Al contrario, se edifica tomando decisiones, conservando una comunicación sincera, asumiendo un compromiso participativo y reconociendo la autoridad compartida entre los dos cónyuges.

No es suficiente con estar presente; debe haber un compromiso individual y una delegación de tareas y responsabilidades, donde cada uno rinda cuentas. Solo así se puede tener una relación o familia en la cual imperen la motivación y el respeto.

4.7. El riesgo del engaño y la falta de comunicación (Génesis 31:1-16, 19, 30-42)

La casa de Jacob se caracterizaba por la rivalidad, la competencia, el engaño y la falta de acuerdos adecuados. Justo en el momento en que decidió emprender el viaje hacia la casa de su padre Labán, Raquel decidió, sin pedirle permiso a Jacob, robar los ídolos de su padre (Génesis 31:19). Este robo provocó una persecución y una acusación airada.

Fue así como Labán salió al encuentro en busca de sus hijas, suponiendo que le habían robado. Raquel actuó sola, sin considerar las consecuencias que su acción acarrearía para su esposo y su hogar.

Por su parte, Jacob, aunque ignoraba lo que su esposa había hecho, cedió ingenuamente a participar en la búsqueda junto a Labán, sin prever que estaba comprometiendo la vida de Raquel (Génesis 31:32). En situaciones como esta se hace evidente la ausencia de transparencia, honestidad y autenticidad entre los esposos. La falta de sinceridad por parte de uno de ellos culminó en un escándalo y una verdadera amenaza de tragedia familiar.

Este capítulo muestra cómo errores ocultos, falta de comunicación e incomprensión generan conflicto destructivo. Raquel actuó con deshonestidad y Jacob con precipitación. Ambos decidieron individualmente y a espaldas del otro, dejándose llevar por la soledad, el distanciamiento y el silencio, lo que los condujo a decisiones apresuradas y riesgosas.

En muchas relaciones actuales prevalecen estas actitudes: se ocultan secretos y el miedo a revelarlos genera distanciamiento, inseguridad e hipocresía. Cuando uno de los cónyuges esconde errores o toma decisiones sin informar al otro, la confianza se derrumba y la relación se expone a un grave deterioro.

En esos momentos, ocultar un hecho —aun con buena intención— puede llevar la relación conyugal a una crisis y convertirse en un peligro irrefutable.

La historia de Jacob y Raquel evidencia que la comunicación y la confianza son bases fundamentales de la relación conyugal. Cuando estas fallan, las distancias —emocionales, verbales o físicas— crecen progresivamente hasta convertirse en una frontera difícil de superar dentro de la pareja o la familia.

La manera de crear un hogar saludable pasa por la sinceridad, por desarrollar la capacidad de comunicación y por el compromiso mutuo, donde cada cónyuge se sienta apoyado, sin temor a ser traicionado, ignorado o malinterpretado.

Cuestionario: entre el amor y el desorden

Para este capítulo, recuerda que seguimos la misma dinámica del cuestionario del capítulo 1. Usa la escala desde el 0 hasta el 5 —donde 0 significa que no se cumple en absoluto y 5 que se cumple totalmente— para asignar tu puntaje a cada uno de los siguientes aspectos de reflexión.

Aspecto de reflexión	Puntaje (0-5)
1. Evitamos comparaciones, competencia y celos, fortaleciendo la aceptación mutua.	
2. Construimos nuestro hogar con honestidad, sin manipulación emocional.	
3. Ante frustraciones, buscamos dialogar en lugar de exigir o reclamar.	
4. Evitamos repetir favoritismos o rivalidades dentro de la familia.	
5. Asumimos con responsabilidad el liderazgo y la organización del hogar.	
6. Comunicamos con sinceridad lo que nos inquieta, evitando silencios dañinos.	
7. Tomamos decisiones importantes juntos, no de forma individual.	
8. Reconocemos que nuestro valor no depende de la aprobación humana, sino de vivir con integridad.	
9. En crisis, buscamos restaurar el vínculo con empatía, paciencia y perdón.	
10. Entendemos que un hogar sano se construye con unidad, respeto y dependencia de Dios, no con rivalidad.	
TOTAL	

0–15 puntos — Alto riesgo emocional.

La relación muestra señales graves de competencia, manipulación o falta de comunicación. Es urgente detenerse, reflexionar y buscar apoyo para restaurar respeto, diálogo y liderazgo compartido.

16–30 puntos — Fracturas emocionales latentes.

Hay avances, pero persisten rivalidades, silencios dañinos o falta de dirección en el hogar. Reconocer estas señales permitirá construir bases más sólidas.

31–45 puntos — Proceso de reconstrucción.

Se evidencia intención y esfuerzo por comunicarse, asumir responsabilidades y resolver conflictos de forma sana. Es clave seguir fortaleciendo la confianza y evitar rutinas de indiferencia.

46–50 puntos — Unidad, respeto y madurez.

La pareja ha construido un ambiente de transparencia, respeto mutuo, responsabilidad compartida y dependencia de Dios. Esta relación no solo es estable, sino también un ejemplo para otros.

CAPÍTULO 5

MOISÉS Y SÉFORA: CUIDAR LA RELACIÓN EN TIEMPOS DE MUCHAS RESPONSABILIDADES

En el cumplimiento de las distintas responsabilidades sociales —como el trabajo, la familia, la vida social, el llamado espiritual y el ejercicio del ministerio a tiempo completo—, la relación conyugal puede quedar relegada a un segundo o tercer plano, sin que nos concienticemos de esta realidad.

Preguntas como: ¿Cómo conservar la unidad matrimonial ante las exigencias externas? ¿Es posible cumplir con las demás responsabilidades, servir en el ministerio a tiempo completo sin descuidar la relación conyugal? surgen precisamente cuando se analiza la historia de esta pareja bíblica.

La historia de Moisés y Séfora nos muestra que las personas que se dedican a una actividad laboral o al ministerio con gran responsabilidad pueden experimentar tensiones en la relación conyugal, ya que pueden irse a los extremos si no implementan un equilibrio proporcional. Esta pareja, en su caminar ministerial, experimentó momentos de unidad, tiempos de celebración, pero también tensiones, crisis y separación.

Esto los llevó a evaluar y replantear el tiempo y la dedicación a la relación matrimonial. Se hace necesario priorizar la relación conyugal, estableciendo puentes que permitan restaurarla y desarrollar una relación dinámica y saludable.

Al igual que ayer, toda pareja hoy necesita aprender a valorar su relación conyugal en medio de la rutina y las dificultades. Moisés y Séfora nos enseñan a apreciar y guardar el vínculo relacional, aunque la vida parezca ir demasiado rápido.

5.1. Cuidar la relación desde el comienzo, y en tiempos de cambio (Éxodo 2:16 –22)

Moisés conoció a Séfora en Madián, en medio de las ovejas y el abrevadero, en un momento de huida, soledad, necesidad e incertidumbre. Había salido de Egipto como un fugitivo, dejando atrás los privilegios y oportunidades que le ofrecía el medio donde creció, estudió y se preparó para ser el posible sucesor del faraón.

Ahora, en Madián, Moisés quiere dejar su pasado atrás. Llega a una tierra extraña como extranjero, sin recursos, sin orientación y con dificultades económicas, laborales y emocionales debido a su trasfondo histórico.

En medio de todo, en este nuevo ambiente, vio la oportunidad de formar una familia. Su vínculo con Séfora inicia en medio de una transición, de un cambio, y de la necesidad de empezar de nuevo. Hoy también son muchas las parejas que inician su relación en medio de mudanzas, cambios geográficos, retos por cumplir, trabajos extenuantes, ajustes laborales, sociales, económicos y dificultades físicas, emocionales y familiares.

El reto consiste en que no es el tiempo el que resuelve los problemas que surgen, sino la capacidad de sortear los cambios y construir sobre principios sólidos en medio de la incertidumbre.

Construir una relación matrimonial estable, en fe y dependencia de Dios, con comunicación, comprensión y confianza recíproca, permite ver la vida de manera más agradable, prometedora y realista, con capacidad para enfrentar cualquier etapa o desafío que se presente en la relación matrimonial.

En esta historia de Moisés y Séfora podemos aprender que esos inicios pueden ser retadores, precarios y restringidos, pero también pueden ser la ocasión para proyectarse por encima de cualquier dificultad y desarrollar una relación de pareja agradable.

La forma en que se eligen encarar las primeras pruebas determinará la proyección a corto y largo plazo en la relación. La iniciativa motivará al crecimiento y los mantendrá fuertes y saludables en la relación matrimonial.

5.2. El acompañamiento en las decisiones que exigen sacrificio (Éxodo 4:19–21)

Cuando Dios le hace el llamado a Moisés para que vuelva a Egipto, Séfora tiene que dejar su tierra, su familia y sus comodidades para acompañarlo. No es un llamado dirigido directamente a ella, pero como esposa debe decidir ir con él, respondiendo en obediencia y fe.

El llamado de Dios era a Moisés, pero, por ser su esposa, también encierra a Séfora. Ese caminar juntos en el propósito divino les demandaría obediencia, sacrificio y fe.

No solo se trató del llamado de Moisés, sino de un tiempo de prueba y de unidad para los dos: pasar de lo conocido a lo desconocido, un hecho arriesgado y, a la vez, confrontativo para esta pareja. El compañerismo en la relación matrimonial no significa que no haya conflictos, sino que los enfrenten con una actitud de compromiso y cooperación para superarlos.

Las circunstancias que demandan acompañamiento y respaldo en pareja revisten gran importancia en cualquier ocupación, tarea o propósito, repercutiendo de manera afectiva, anímica y emocionalmente.

La pareja debe estar dispuesta a apoyarse mutuamente cuando se presenten escenarios que exijan dejar la comodidad, incurrir en riesgos y asumir demandas de sacrificio.

Ya sea al tratar de alcanzar un sueño, emprender un negocio o proyecto, o tomar decisiones difíciles una y otra vez, la responsabilidad compartida fortalece el vínculo y la relación matrimonial. Al mismo tiempo, se convierte en una oportunidad de crecimiento hacia el propósito de Dios.

El secreto está en trabajar como pareja para superar cualquier dificultad y desafío que aparezca en cada etapa de la relación matrimonial.

5.3. La crisis revela prioridades descuidadas (Éxodo 4:24–26)

Este pasaje bíblico es profundamente significativo. En ese trayecto hacia Egipto, Moisés se vio enfrentado a un escenario muy conflictivo. Dios quiso matarlo, pues su hijo aún no había sido circuncidado, tal como lo había ordenado en su pacto

(Génesis 17:10-14); y considerando que Moisés iba a enfrentarse nada más y nada menos que con la nación de Egipto —el país más fuerte, poderoso y avanzado de la época—, pretendía representar a Dios en una deliberada desobediencia.

La práctica de la circuncisión era una señal o marca identificativa. Por medio de esta ceremonia física y espiritual, la persona quedaba exclusivamente separada para Dios.

Posiblemente Moisés había postergado esta ordenanza familiar por evitar conflictos matrimoniales, por no querer contradecir a Séfora, porque quizás ella no lo consideraba necesario todavía, o porque había querido evitarle esa molestia física a su hijo. Al hacerlo, estaba postergando lo importante.

Ahora, una de las exigencias más significativas del servicio a Dios es la obediencia (1 Samuel 15:22). En ese momento, Séfora, apresuradamente, efectuó la circuncisión del niño y, de ese modo, salvó la vida de su esposo. Ella era muy consciente de que Moisés había desobedecido una orden fundamental en la expresión de la voluntad de Dios. Esta falta o descuido por poco le cuesta la vida.

Este pasaje bíblico nos muestra que debemos prepararnos adecuadamente para llevar a cabo una tarea delegada por Dios. No basta solo con la intención de querer servir: se hace necesario conocer y obedecer las órdenes que Dios ha mandado.

La falta de cumplimiento de esta ley por parte de Moisés indica que había descuidado una prioridad. Al postergar esta responsabilidad espiritual como padre, también estaba siendo negligente con el ministerio que le había sido delegado.

Así que se hace necesario aprender que la obediencia y la sumisión a la Palabra de Dios deben ocupar el primer lugar en todo aquel que quiera conocer y hacer la voluntad de Dios. Si deseamos contar con su dirección y ayuda, debemos comenzar por allí.

Moisés tuvo que haber entendido que su liderazgo comenzaba en su propia casa, y que, para ejercer un liderazgo efectivo, solo lo lograría en la medida en que fuera fiel con los de su hogar.

Las decisiones importantes en la vida familiar no se deben postergar por temor al conflicto, por descuido, negligencia o porque se dé prioridad a las exigencias del ministerio.

Hay que tener en cuenta que lo que parece insignificante puede convertirse más adelante en un acontecimiento que amenace la relación de pareja o la familia. De ahí que no se trata de evitar el conflicto ni las demandas del diario vivir, sino de enfrentarlas con prudencia, madurez y determinación.

La historia de Moisés y Séfora nos enseña algo muy valioso: cuando uno de los dos no obedece, el otro puede actuar con sabiduría para proteger la relación conyugal o familiar. La corresponsabilidad es fundamental: la pareja debe comprometerse en las decisiones que enriquecen la relación y en los compromisos espirituales que honran a Dios.

5.4. Restaurar la conexión familiar antes de que la distancia crezca (Éxodo 18:1–6)

Moisés es, sin duda, uno de los personajes más emblemáticos de la fe bíblica: libertador de Israel, legislador, profeta y líder. Sin embargo, en Éxodo 18 se revela un aspecto más humano de su vida: su tendencia a descuidar a su familia en medio de una intensa vida de servicio espiritual.

Después de dedicarse un tiempo al ministerio, Moisés mandó de vuelta a Séfora y a sus dos hijos a casa de su suegro,

Jetro. En vez de involucrar a su esposa e hijos en el ministerio, se separó de ellos, aislándose a sí mismo y a ellos del servicio a Dios.

Este pasaje nos muestra que fue Jetro quien se trasladó para buscar a Moisés y pedirle que se responsabilizara de su familia y restaurara la unidad familiar.

Este texto bíblico nos brinda una importante enseñanza sobre cuatro peligros contemporáneos que pueden afectar la vida de pareja o familia: el materialismo, las adicciones, los hobbies o pasatiempos, y el extremo de espiritualizar las actividades ministeriales.

A) El materialismo

Si bien Moisés no perseguía riquezas materiales, su tendencia indica un punto clave: el materialismo no solo es amor al dinero, sino también un apego desmedido a cualquier "éxito visible".

Moisés había logrado liberar y dirigir al pueblo; ahora era reconocido como juez de Israel. Su reputación, influencia y autoridad eran indiscutibles. Sin embargo, en su afán ministerial, había relegado a su esposa y a sus hijos a un segundo plano, dejándolos en casa de su suegro Jetro (Éxodo 18:2).

Esta enseñanza nos muestra que el amor al éxito ministerial o al estatus profesional puede consumir tanto como el amor al dinero. Cuando la necesidad de ser reconocido, cumplir con expectativas o mantener el control sobre los asuntos visibles domina el corazón, esto puede desplazar la intimidad con Dios y el cuidado de la pareja o la familia.

Hoy no solo el dinero puede impresionar el corazón del líder; también pueden hacerlo el prestigio, los logros profesionales o los cargos ministeriales. La pregunta sería:

¿Estoy sacrificando la relación y cercanía con mi hogar en el altar del éxito visible? Es entonces cuando el materialismo se camufla con sutileza, pero de igual manera afecta de forma destructiva.

B) Las adicciones

No siempre son sustancias químicas; pueden también ser rutinas o apegos laborales. Moisés no era adicto a ninguna sustancia, pero se volvió un esclavo compulsivo de un patrón de conducta opresivo hacia él mismo. Se había acostumbrado a "juzgar al pueblo desde la mañana hasta la tarde" (Éxodo 18:13), sin detenerse a reflexionar en su propia salud o capacidad, y mucho menos en las necesidades de su pareja y su familia.

Las adicciones modernas no siempre son químicas: también puede tratarse de adicción a una actividad o trabajo excesivo, al consumo de redes sociales, al ejercicio ministerial desmedido, o incluso a la obsesión por proyectos personales.

En síntesis, es todo aquello que impulsa una actividad constante, el deseo de control o la necesidad de sentirse indispensable. Esta actitud, aunque parezca buena, se convierte en una obsesión que puede hacer perder la sensatez, el equilibrio y la autoridad.

La enseñanza que le da Jetro a Moisés sigue vigente: *"Tú, como líder, representa al pueblo delante de Dios, pero también debes delegar"* (Éxodo 18:19–22). Romper con patrones adictivos implica aprender a confiar en otros y a poner límites, lo cual beneficia tanto a la persona como al hogar.

C) Los hobbies o pasatiempos

Los pasatiempos representan un riesgo cuando lo recreativo se convierte en un refugio irresponsable. El deporte, la música, los videojuegos, las redes sociales, los dispositivos electrónicos, los viajes... muchas personas llenan su tiempo libre con estos pasatiempos. Aunque legítimos, esas actividades se convierten en escapes cuando se usan para evitar pasar tiempo con los suyos, postergando o evadiendo la conexión física y afectiva, y descuidando las responsabilidades sociales, económicas y espirituales con la pareja y la familia.

En este caso, Moisés ocupaba todo su tiempo en el ejercicio ministerial, y no dejó espacio ni para sí mismo, mucho menos para compartir con los de su casa. Como ministro, no equilibró su vida entre el deber personal, el descanso, la pareja y la familia. Por esto, Dios nos recuerda en 1 Timoteo 4:16 *"Ten cuidado de ti mismo y de la doctrina, pues haciendo esto te salvarás a ti mismo y a los que te oyeren"*.

No se trata de eliminar los pasatiempos, sino de reflexionar y preguntarnos: ¿Estoy siendo coherente y usando mi tiempo libre para construir, o para escapar de las verdaderas responsabilidades que un día asumí con mi esposa?

D) El extremo de espiritualizar

Moisés estaba tan ocupado en una tarea puramente espiritual —liderar al pueblo, escuchar sus conflictos, juzgar conforme a la ley de Dios— que descuidó un aspecto esencial de su vida.

Sin embargo, Jetro le hizo ver que, si bien se trataba de una tarea espiritual, eso no justificaba de ninguna manera descuidar el diseño original que Dios había establecido para la pareja y la familia: *"No está bien lo que haces"* (Éxodo 18:17–18).

El primer ministerio que debía desempeñar Moisés era velar por su esposa y su familia. Dios no demanda sacrificios familiares para cumplir tareas espirituales. El exceso de espiritualización, o la idea de que "porque es para Dios, todo está permitido", puede ser tan dañino como descuidar completamente las responsabilidades familiares.

En el mundo actual, aun dentro del cristianismo, existe el riesgo de justificar el descuido excesivo en la relación de pareja o en la familia con frases como: "Estoy sirviendo al Señor", "El ministerio exige sacrificios" o "Mi llamado al ministerio es primero".

La enseñanza bíblica es clara: Dios nunca aprueba un servicio que destruye el orden que Él mismo estableció en el hogar. Como lo enseña 1 Timoteo 3:4–5, *"…el que no sabe gobernar su propia casa, ¿cómo cuidará de la iglesia de Dios?"*.

El llamado y consejo que Jetro dio a Moisés fue que volviera al equilibrio que agradaba a Dios: delegar tareas, cuidar de sí mismo y reencontrarse con su esposa e hijos. Esa labor también formaba parte de la fidelidad a Dios.

Esta historia nos enseña que, por una mala interpretación de las prioridades, la relación conyugal y familiar puede verse afectada y experimentar cambios negativos. En algunas ocasiones, también es necesaria la intervención de personas sabias y equilibradas que puedan contribuir a la restauración, el equilibrio y la unidad en la pareja y la familia.

Como Moisés, necesitamos escuchar la voz de la sabiduría que nos dice: *"No está bien lo que haces"*. Y entonces, con humildad, ajustar nuestro rumbo en la vida espiritual o ministerial (Proverbios 11:14).

Hoy en día, la separación física y emocional inducida por una elevada carga de compromisos también afecta a muchas parejas. Las exigencias del trabajo, los compromisos sociales, laborales, académicos o ministeriales y el ritmo acelerado que experimentan algunas familias, obligan a marginar la relación conyugal a un segundo o tercer lugar.

Cuando la separación aumenta y no se toman medidas a tiempo, el vínculo afectivo y la cercanía que antes disfrutaban comienzan a desvanecerse y debilitarse.

Por tal razón, es importante examinar y evaluar la relación conyugal a tiempo, para comprobar si está siendo afectada por cambios inesperados y negativos. Así se puede evitar un desgaste inadecuado, antes de que aparezcan complicaciones mayores y la distancia emocional se convierta en una rutina insoportable.

Como cónyuges, es necesario actuar con atención, buscando la intervención y restauración, probablemente con la ayuda de un consejero entendido y equilibrado en temas de pareja o familia. Este puede ser un espacio de amonestación y guía, donde se anime a la renovación del compromiso y a la restauración de la relación (Proverbios 24:6).

Cuestionario: evaluación de prioridades y conexión en pareja

Para este capítulo, seguimos la misma dinámica del cuestionario del capítulo 1. Usa la escala desde el 0 hasta el 5 para asignar tu puntaje a cada uno de los siguientes aspectos de reflexión.

Aspecto de reflexion	Puntaje (0-5)
1. Mantenemos nuestra relación como prioridad aun con muchas responsabilidades.	
2. Dialogamos antes de decisiones que implican sacrificios o cambios importantes.	
3. Identificamos y corregimos hábitos que afectan nuestra cercanía.	
4. No justificamos la ausencia emocional con trabajo o compromisos.	
5. Evaluamos si el ritmo de vida está afectando nuestra relación.	
6. Reconocemos cuándo uno necesita más atención y respondemos con empatía.	
7. Buscamos equilibrio entre responsabilidades personales, espirituales y familiares.	
8. Estamos dispuestos a pedir consejo cuando sentimos distancia o enfriamiento.	
9. Reservamos tiempo para compartir y reconectar sin distracciones.	
10. Entendemos que servir a Dios inicia cuidando nuestra relación y familia.	
TOTAL	

0–20 puntos — Riesgo de desgaste.

El ritmo de vida o las prioridades desbalanceadas pueden estar generando desconexión emocional. Es necesario detenerse y hacer ajustes antes de que la distancia se vuelva crónica.

21–35 puntos — Afectada por la rutina.

Hay intención de cuidar la relación, pero aparecen señales de desgaste o postergación emocional. Es un momento clave para reajustar prioridades.

36–45 puntos — Compromiso activo.

Se observan esfuerzos reales por mantener el vínculo a pesar de las exigencias externas. El equilibrio avanza, aunque aún puede reforzarse.

46–50 puntos — Equilibrio saludable.

La pareja cuida su vínculo, ajusta prioridades y mantiene cercanía emocional, espiritual y afectiva en medio de sus responsabilidades.

CAPÍTULO 6

MANOA Y SU MUJER: FE, UNIDAD Y PROPÓSITO EN TIEMPOS DE CRISIS

¿Puede una pareja común llegar a ser clave en tiempos de crisis personal y/o familiar? ¿Qué impacto tiene la unidad matrimonial cuando las decisiones que se toman afectan no solo a la familia, sino a generaciones enteras?

Israel había llegado a una de las épocas más sombrías y bajas de su historia: opresión externa, decadencia espiritual, inestabilidad en el liderazgo.

En ese contexto de caos, lejos de la fama y de los focos de atención, una pareja de anónimos vivía el día a día de su vida, ajenos al hecho que les esperaba un encargo de parte de Dios que cambiaría no sólo sus vidas, sino la vida de una nación entera.

Manoa y su esposa no necesitaron de renombre para ser útiles a Dios, pero si requirieron de fe, entrega y unidad como pareja.

Esta historia nos muestra que, a pesar de la decadencia espiritual, moral, social o económica que haya sufrido una persona, familia o generación, Dios puede empezar una nueva historia por medio de una pareja de cónyuges que se ayuden el uno al otro, que conserven una comunicación sincera y que tengan la determinación de apoyarse mutuamente para alcanzar un futuro novedoso.

Cuando la pareja preserva la unidad, es candidata para llamar la atención de Dios y puede ser utilizada como instrumento de bendición, en el cual Él puede manifestar sus propósitos.

6.1. Entender como pareja que son parte del propósito (Jueces 13:1–5, 9–10)

En ese tiempo de oscurantismo, declive espiritual, moral y social para Israel, en el que atravesaba una crisis preocupante y un período prolongado de opresión, Dios llama a una pareja común a colaborar con su propósito y cooperar con su plan para liberar a su pueblo por un largo tiempo.

La esposa de Manoa, que era estéril, recibe sorpresivamente la visita de un ángel, el cual le informa que iba a quedar embarazada y que el niño que nacería venía con un propósito; dándole instrucciones a ella, como madre, de una dieta muy especial y que el niño debía ser consagrado desde el vientre.

Este acontecimiento nos muestra que una pareja común puede ser parte de un suceso sobrenatural, para el cual no se ha preparado, no ha conocido ni imaginado. Los planes matrimoniales pueden ser intervenidos, cambiados o modificados cuando los cónyuges, individualmente, se disponen a oír a Dios de manera activa y unánime.

Esa disposición y acatamiento permite que Dios pueda usarles para realizar sus propósitos divinos, cambiando aun sus proyecciones personales.

De igual manera, en la actualidad, muchos de los planes, anhelos o decisiones que son importantes comienzan con el sueño de uno de los cónyuges; pero esas aspiraciones demandan la intervención unánime de la pareja.

Cuando los cónyuges se escuchan, apoyan y se acompañan en la misma dirección, eso los lleva a alcanzar metas relevantes que benefician la relación, creando una atmósfera de correspondencia mutua, donde la colaboración recíproca, el acuerdo y la comprensión son determinantes para obtener metas que trascienden en la relación de pareja.

6.2. La comunicación sincera que edifica y trae libertad (Jueces 13:6–7, 9–10)

Manoa y su mujer conservaban una comunicación abierta y recíproca. Al tener ella un encuentro sorprendente, le comunicó a su esposo la experiencia sobrenatural que había vivido, describiéndole detalladamente el mensaje que había recibido, el cual impacta a Manoa, animándolo a involucrarse y cooperar de inmediato con el propósito designado.

Esta actitud muestra la importancia de comunicar las ideas, sueños, experiencias y responsabilidades significativas en la relación matrimonial.

Una buena comunicación fortalece la unidad, estimula la colaboración y da sentido de pertenencia. El diálogo desprendido actúa individualmente, creando una relación y atmósfera saludable en la relación.

Las decisiones que se toman individualmente, sin el consentimiento del cónyuge, producen confusión, desconcierto y distanciamiento; mientras que compartirlas hace que el cónyuge participe, coopere, se involucre y se una a la proyección acreditada como pareja.

La comunicación transparente, el aprender a escuchar y la comprensión recíproca establecen un recurso inagotable y dinámico en la relación matrimonial, logrando evitar confusiones, enriqueciendo el entendimiento, promoviendo una discusión tranquila y repercutiendo en confianza, acercamiento y compromiso, para cooperar y difundir la unidad en las proyecciones y en la cotidianidad de la vida.

6.3. La búsqueda de dirección y las decisiones en equipo (Jueces 13:8–14)

La enorme y sorprendente noticia de que serían padres llevó a Manoa a buscar más información. Como líder espiritual, quería estar bien instruido para hacer bien la tarea sobre el nuevo rol que le sería asignado: ¿cómo debía ser su participación en la crianza del hijo y la tarea que debía desempeñar como padre, siendo consciente de la contribución de su esposa en cada una de las etapas de la formación del hijo?

Manoa no quería sentirse ausente en este nuevo rol paternal que le había sido ordenado, sobre la educación y formación del hijo que vendría al hogar.

Como pareja, oraron, rogando unánimes, en acuerdo, pidiendo a Dios confirmación del mensaje recibido e indicaciones precisas sobre la manera de educar al niño conforme al propósito previamente anunciado.

La oración que hizo Manoa fue en plural *"que vuelva ahora a venir a nosotros, nos enseñe lo que hayamos de hacer, y qué debemos hacer con el niño"*. Esto resalta la cercanía entre ambos y la importancia de la cooperación, la comunicación y el sentido de pertenencia que compartían como pareja, así como su deseo de actuar en acuerdo y con responsabilidad ante un escenario desconocido para ambos.

Esta pareja entendió el diseño de Dios: lo que es trabajar en equipo. Manoa, como líder del hogar, es quien ora, pidiendo a Dios claridad y confirmación para enfrentar el nuevo rol designado, y Dios le responde por medio de su esposa.

Él es quien ora, y ella recibe la respuesta. En una cultura patriarcal como la de Israel en la época de los jueces, aquí vemos una ruptura en ese patrón cultural.

Esto no es casual, sino una lección profunda para tener en cuenta. Dios valida la dignidad espiritual de la mujer. El mensaje de Dios fue confiado desde el inicio a la mujer, enseñando a través de este pasaje que, aunque la estructura social privilegiaba al hombre, Dios trató a la mujer con igual dignidad, confianza y responsabilidad espiritual.

Ella no fue simplemente un canal pasivo, sino una protagonista activa en el plan divino. ¡Qué lección tan importante nos transmite esta pareja! El disponerse y acoplarse al diseño divino debe ser lo cotidiano en la relación matrimonial: el trabajo en equipo.

También en la cotidianidad matrimonial —sea en la educación o crianza de los hijos, en el cambio de domicilio, al adquirir compromisos financieros, en el manejo del dinero, al incrementar nuevos horarios o asumir horas extras en el campo laboral, o en los planes de vida futura— es ineludible buscar un acuerdo como pareja y decidir como equipo.

Cuando en la relación matrimonial se crean espacios de oportunidad, acercamiento y ayuda mutua, la comunicación se vuelve inquebrantable y explícita. La toma de decisiones es compartida; la pareja refleja respeto, diligencia, comprensión, y a menudo reflexionan para evaluar la relación y compartir lo que experimentan a nivel personal.

Esto los lleva a lograr una conexión inconmovible. Es entonces cuando la relación matrimonial consolida un estilo de vida saludable y está en condiciones de alcanzar los desafíos y propósitos que Dios les tiene reservados.

6.4. Celebrar y agradecer juntos (Jueces 13:15–21)

Con la confirmación de parte de Dios acerca del hijo que nacería, Manoa y su esposa celebraron este acontecimiento, manifestando a Dios su alabanza, adoración, reconocimiento, acción de gracias y su admiración por la revelación sobrenatural que acababan de experimentar. La recibieron como una experiencia relevante y significativa que los llevó a reafirmar su compromiso matrimonial y a conectarse espiritualmente de una forma renovada y profunda.

La acción de gracias crea vínculos sensibles, despierta períodos de bienestar y provoca desarrollo espiritual en la pareja. Aprender a dar gracias el uno al otro, aun en los sucesos más simples, es un ejercicio que fortalece la unión matrimonial.

Las parejas que desarrollan esta cualidad se equilibran emocionalmente, comparten la alegría de forma sincera y transmiten estados alentadores que los llevarán a vencer, en conjunto, las dificultades de la vida cotidiana.

Es importante que los cónyuges no se dejen llevar por las exigencias laborales, familiares, sociales e incluso personales, porque muchas veces estas quitan la oportunidad de celebrar el uno con el otro, así se trate de un simple elogio.

Cada objetivo alcanzado es motivo para agradecer, y constituye un eslabón que nutre el afecto, la amistad, la *koinonía* e impulsa a la fraternidad. Estas vivencias disminuyen las tensiones y crean un ambiente de aprecio mutuo.

Una pareja que es agradecida se mantiene unida, motivada y fortalecida, ya que la gratitud es una disciplina que se aprende: reconocer que todo lo que somos, tenemos y disfrutamos lo hemos recibido de Dios.

Cuando los cónyuges dan gracias y celebran las pequeñas cosas, exaltando a Dios por cada logro, oración respondida, crisis superada y bendición recibida cotidianamente, han entendido que la misericordia y la bondad de Dios son las que dan sentido a lo que se vive y se comparte en pareja o familia.

6.5. Pruebas que fortalecen y animan mutuamente (Jueces 13:22–24)

Manoa y su esposa se expresaron apoyo mutuo ante el episodio que les causó temor. Él expresó su temor; su mujer, como esposa, lo exhortó, reanimándolo y declarándole confianza. Exhibieron sus miedos, dudas, estados de ánimo, necesidades y preocupaciones. Esta es una forma sensata de actuar como pareja para continuar creciendo.

Toda relación matrimonial enfrenta momentos de inseguridad, desánimo, cansancio, monotonía, angustia, tensión, persecución o escasez, pero algo muy importante es no vivirlos en soledad ni en aislamiento.

En tiempos de crisis, uno de los hábitos que se deben evitar es acusar o ridiculizar a la pareja. Es esencial hablar de forma honesta y clara acerca de los sentimientos, tentaciones, preocupaciones, dudas, frustraciones y de las necesidades que surjan del corazón.

Así mismo, el apoyo emocional recíproco brinda descanso y estimula para afrontar nuevos retos con más entusiasmo y confianza en Dios y en la relación de pareja.

El dialogar atentamente, comprenderse y animarse recíprocamente son prácticas que transforman la relación matrimonial en un espacio seguro. Estos ejercicios construyen relaciones saludables, donde ambos pueden expresar sus inquietudes, estados de ánimo y así examinar su vida espiritual.

El alentarse el uno al otro no es una muestra de debilidad, sino una acción de madurez y de compromiso para conservar el bienestar físico, emocional y espiritual de la pareja.

Esta pareja bíblica, Manoa y su mujer, nos deja una enseñanza gigantesca desarrollada en valores que sustentan su estilo de vida: la comunicación honesta, la comprensión, el compañerismo, el respeto, la confianza mutua y el trabajo en equipo. Además, ellos ejercitaban el sometimiento recíproco, la búsqueda y la dependencia de Dios como pareja.

Estos valores les permitieron fortalecerse en las pruebas, responder a las demandas asignadas y avanzar en el propósito que se les había encomendado.

Cuestionario: unidad, propósito y fortaleza en pareja

Para este capítulo, recuerda que seguimos la misma dinámica del cuestionario del capítulo 1. Usa la escala desde el 0 hasta el 5 —donde 0 significa que no se cumple en absoluto y 5 que se cumple totalmente— para asignar tu puntaje a cada uno de los siguientes aspectos de reflexión.

Aspecto de reflexion	Puntaje (0-5)
1. Enfrentamos las crisis confiando en que Dios puede usarnos como pareja con un propósito.	
2. Cuando Dios guía a uno, lo comunicamos al otro con apertura.	
3. Mantenemos comunicación sincera y frecuente sobre emociones, decisiones y sueños.	
4. Tomamos decisiones importantes como equipo, buscando dirección en oración.	
5. Valoramos el papel espiritual de cada uno y cómo Dios habla a través de ambos.	
6. Celebramos juntos los logros y practicamos el agradecimiento mutuo.	
7. No permitimos que las exigencias externas nos impidan valorar lo que Dios hace en nosotros.	
8. Compartimos temores y cargas sin juicio, alentándonos mutuamente.	
9. Construimos un espacio seguro para expresarnos con libertad emocional y espiritual.	
10. Reconocemos que unidad, trabajo en equipo y dependencia de Dios son esenciales.	
TOTAL	

0–20 puntos — Riesgo de desconexión.
Este puntaje indica una caída en la unidad y la comunicación; es necesario detenerse, dialogar con sinceridad y buscar apoyo para restaurar el vínculo.

21–35 puntos — Relación frágil con intención de mejorar.
Hay disposición para avanzar, pero aún existen vacíos emocionales y espirituales que requieren atención y decisiones conscientes para fortalecer la unidad.

36–45 puntos — Compromiso activo.
Se observan apertura emocional, trabajo en equipo y gratitud; continuar fortaleciendo estos hábitos ayudará a consolidar la relación a largo plazo.

46–50 puntos — Relación sólida y con propósito.
Refleja una relación madura, guiada por la fe y la colaboración, que avanza con claridad y puede convertirse en inspiración y bendición para otros.

CAPÍTULO 7

BOOZ Y RUT: CUANDO EL AMOR VENCE LAS BARRERAS

¿Puede surgir una relación sentimental conveniente cuando todo parece estar en contra? ¿Qué pasa cuando el amor nace entre personas de mundos, culturas, edades y contextos completamente diferentes?

Muchas historias sorprendentes no comienzan en escenarios ideales, sino en tiempos difíciles y corazones heridos. Rut era extranjera, viuda y pobre; Booz, un hombre justo y generoso. No tenían mucho en común, excepto una virtud que los unía: la humanidad y la disposición a amar desinteresadamente.

La llegada de Rut al campo de Booz no fue por casualidad; tampoco fue un mero impulso el que llevó a Booz a acercarse a Rut. Lo que ocurrió entre ellos fue mucho más fuerte que la atracción: fue un encuentro que los cautivó, llevándolos a interiorizar una relación sentimental que demandaría paciencia, prudencia y moderación.

En la actualidad, donde muchas relaciones sentimentales se rompen por la premura, la inmediatez, el espejismo, el egoísmo o el desencanto, esta historia ofrece una enseñanza que inspira ánimo y trae esperanza. Muestra que sí es posible encontrar a la persona indicada, alguien que aporte honra, bienestar y realización personal, y con quien se pueda construir una relación básica en la transparencia, el compromiso y un propósito compartido.

7.1. Un amor que nace en medio de la adversidad (Rut 2:1–18)

El verdadero amor no siempre aparece en los escenarios ideales. Muchas veces se hace presente por una casualidad, en un escenario adverso, de aflicción, escasez e incertidumbre. Rut y Booz no se conocieron en una universidad, un paseo, una fiesta ni en el barrio de la ciudad, sino en un campo de espigas, donde la limitación y la sencillez dieron lugar al inicio de una historia sorprendente.

Ella era una mujer forastera, viuda, pobre y vulnerable; Booz, un hombre temeroso de Dios, trabajador y considerado. Ninguno de los dos estaba buscando una relación amorosa, pero cada uno estaba practicando valores morales que, sin proponérselo los aproximaban a obtenerla.

En esta primera etapa, Dios inicia a escribir una historia de redención y restauración, donde nos revela que el amor no exige condiciones ideales, pero sí corazones moderados y sinceros, que estén dispuestos a mostrar honra, consideración, transparencia y compromiso, que son valores sobre los cuales el amor puede establecerse y desarrollarse activamente.

A) Rut: una mujer joven, emprendedora y decidida (Rut 2:3–4)

En un ambiente en donde muchas personas se paralizan por condiciones académicas, sentimentales, culturales, étnicas, geográficas o económicas, por el desplazamiento o por la falta de oportunidades, Rut decidió actuar. No obstante, de ser una viuda, extranjera y sin respaldo económico, esta mujer no se limitó a esperar que otros arreglaran su condición.

Rut decidió movilizarse y salió a recoger espigas. Actuó con iniciativa, humildad y responsabilidad, buscando sustento para ella y su suegra Noemí. Su actitud muestra que quien se dispone a trabajar con fe y compromiso se prepara para que Dios actúe en su vida cotidiana.

Esta escena refleja la realidad que actualmente viven muchos pueblos y regiones, de donde han sido desplazadas personas y familias enteras. Por ende, se hace apremiante y necesario prepararse y disciplinarse, aprendiendo hábitos de responsabilidad y tratando de aprovechar las oportunidades que aparecen en la vida.

Rut no solo tenía la necesidad de subsistir, sino el deseo de salir adelante, y esa actitud no quedó sin recompensa ni pasó desapercibida.

Si estás soltero o ya has formado un hogar, debes preguntarte: ¿Cultivas hábitos saludables como la responsabilidad, diligencia, honestidad y el ser servicial? Son valores morales imprescindibles para formar una relación matrimonial satisfactoria y promisoria.

El amor florece cuando los dos están dispuestos y unifican esas iniciativas para superar cualquier barrera étnica, geográfica, académica, sentimental, cultural o económica, porque puedes encontrar —y puede surgir— esa relación que se complementa, abriéndose paso a la realización de una relación matrimonial.

B) Booz: conociendo antes de acercarse emocionalmente (Rut 2:5–9, 11–12)

Cuando Booz vio en su campo a una joven desconocida, primero indagó quién era, de dónde venía y cómo se comportaba. Tras recibir referencias, se acercó a ella con respeto y cortesía, ofreciéndole seguridad, acompañamiento, acceso al agua y protección.

Él no se apresuró, dejándose impresionar por la apariencia física o la simpatía social que había adquirido de sus siervos. Al acercarse a ella, tampoco le habló de manera superficial o deshonesta.

Esta historia nos enseña un principio muy fundamental en la formación de las relaciones sentimentales: antes de emprender un vínculo afectivo, sentimental o espiritual, es necesario conocer la familia, los hábitos, el contexto, el carácter, los valores, los fracasos y las conquistas de la persona pretendida.

Se ha vuelto costumbre —o moda— iniciar relaciones sentimentales solo por la atracción física, intelectual, profesional o económica, asumiendo un compromiso afectivo compulsivo y enfermizo, que termina afectando el rol familiar, los compromisos académicos y laborales, y desemboca en frustración, embarazos no planeados, separaciones o divorcios traumáticos.

Booz hace un acercamiento y una propuesta, dando un espacio e iniciando una relación oportuna, donde la sensatez y el tiempo son razonables, para así tener un conocimiento más detallado y ver si es conveniente obtener un compromiso sentimental con Rut.

Pregúntate: ¿Conoces bien a la persona a quien estás pretendiendo? ¿Es la persona que me complementa? ¿Es la persona que se dispone a recibir lo que tengo para entregar y que también está dispuesta a entregarse, para que ambos crezcan y desarrollen una relación saludable?

Investiga detalles sencillos debidamente, no con admiración, y adéntrate en la relación que estás cultivando sin premura y sin entregar los sentimientos de manera precipitada, para que puedas decidir en una forma sensata y prudente.

C) Rut: gratitud y humildad (Rut 2:10, 13)

Rut, al ver la bondad de Booz, no se atribuyó ningún mérito. Ella humildemente dice: "*¿Por qué he hallado gracia ante tus ojos, para que me reconozcas, siendo yo extranjera?*".

Ella reconoce su condición y lugar de origen que era moabita, diferente al pueblo de Israel y agradece la aceptación recibida. Esta cualidad de Rut muestra que tiene un corazón agradecido y libre de vanidad u orgullo, detalles elementales para empezar a construir una relación sentimental y afectiva.

Actualmente, las personas también enfrentan diferencias culturales, sociales o económicas. Sin desconocer estas diferencias, el respeto mutuo y el agradecimiento sincero logran traspasarlas. Jamás se debe tener en poco el esfuerzo del otro. Si eres aceptado, apreciado, acogido o amado, manifiesta con sencillez tu gratitud.

El agradecimiento expresado es el sustento de la relación; es una de las formas más efectivas de manifestar amor sin exigirlo. La enseñanza de Rut es clara: la actitud y el agradecimiento directo permea el corazón del otro y crea una atmósfera amigable y acogedora en la relación.

D) Booz: expresa su generosidad y amor antes del compromiso (Rut 2:14–16)

Booz se acerca a Rut, invitándola a comer con él. Le permite recoger entre las gavillas —algo que no era usual— y les ordena a los siervos que dejen caer manojos intencionalmente para que le sea más fácil el trabajo. No son hechos accidentales; son gestos visibles de generosidad, atención, respeto y simpatía.

Booz no está haciendo una declaración de amor con palabras, lo está manifestando con actitudes indiscutibles, sin exigir nada a cambio.

En la relación de pareja, el amor no inicia cuando hay un compromiso formal. Muchas veces empieza en la manera en que se honra, respeta y admira al otro desde el principio.

Si una persona manifiesta afecto o interés solo cuando hay atenciones, regalos, prebendas o celebraciones, es posible que no sea amor; más bien, puede ser interés, conveniencia, o simplemente estar buscando su propio beneficio.

Booz nos enseña que las acciones amables, espontáneas, sinceras y respetuosas son canales fundamentales por donde puede fluir la relación. El ser generoso con las palabras, el tiempo, las atenciones y el apoyo práctico es muestra de un amor auténtico: aquel que no se exige, no impone; al contrario, sirve, bendice y entrega sin esperar nada a cambio.

7.2. Cuando la sabiduría guía el amor (Rut 3:1–15)

Toda relación demanda madurez, compromiso, honestidad y dirección; no se trata solo de sentimientos. En esta etapa de la historia, el conocimiento y el aporte de Noemí es esencial para que Rut y Booz puedan continuar. No se trata de manipular ni de exigir una respuesta; es más bien proceder con respeto, moderación y estar dispuesto.

El amor mesurado atiende consejos reflexivos, espera el tiempo de Dios, y toma decisiones desde la convicción, no desde la premura o la ansiedad. Rut no improvisó; se presentó con prudencia. Booz no se aprovechó; respondió con honestidad. Este suceso confirma que, cuando se une sensatez, respeto mutuo y dirección divina, la relación sentimental se orienta hacia un futuro satisfactorio y prometedor.

A) Noemí orienta a Rut con sabiduría (Rut 3:1–2)

Por su parte, Noemí anima y le da instrucciones precisas a Rut referentes a Booz. No se presenta de forma atractiva ni le habla de manera seductora, sino desde el aspecto legal y familiar que Booz poseía como pariente redentor.

Noemí no aconseja a Rut a una acción de conquista o de solo amistad, sino a una búsqueda bien intencionada. Le muestra que el amor verdadero puede nacer y crecer desde el servicio, la honra y el compromiso.

En la actualidad, muchas personas no atienden a la voz ni al consejo de los mayores, y esto los lleva a cometer muchos errores y a experimentar fracasos. El consejo de quienes han vivido puede evitarles inconvenientes, sufrimientos y pérdidas innecesarias.

Si estás pensando en iniciar una relación sentimental, o ya estás en una relación, pregúntate: ¿Tienes a alguien que te aconseje o a quién acudir para que te escuche y oriente? ¿Acostumbras a rodearte de personas espiritualmente maduras, entendidas y experimentadas, para escucharlas y recibir consejo?

La sabiduría que poseen algunos ancianos es un don que Dios les ha dado para ayudar, orientar y servir en ocasiones en que el ser humano necesita de orientación y consejo que edifique, guarde y lo anime en decisiones afectivas o sentimentales.

Como afirma Dios en su palabra: *"Escucha el consejo, y recibe la corrección, para que seas sabio en tu vejez"* (Proverbios 19:20).

Además, *"Donde no hay dirección sabia, caerá el pueblo; más en la multitud de consejeros hay seguridad"* (Proverbios 11:14).

B) Rut se presenta con preparación y respeto (Rut 3:3–4, 7)

El protocolo que sigue Rut al acercarse a Booz lo hace con naturalidad y sinceridad, sin ninguna improvisación. Atendiendo el consejo de Noemí, se lava, se unge y se pone las mejores prendas antes de ir a Booz. Su propósito no es seducirlo, sino seguir el procedimiento respetable. Se presentó en la casa, a la hora apropiada, sin aparentar nada, ni tampoco para rogar ayuda o atención.

Esta historia es muy interesante: antes de iniciar una relación o compromiso sentimental, se debe estar libre, apto y dispuesto para presentarse limpio, sano espiritual y emocionalmente. ¿Estás dispuesto y preparado para asumir una relación respetuosa y saludable? ¿Tu corazón está sano? ¿Cuentas con un corazón reflexivo y un carácter maduro? ¿Tus intenciones son sinceras?

Rut nos enseña que la manera en que llegas al otro tiene mucho que ver. No hay que aparentar con atributos disfrazados, ni presumir de lo que no se tiene, sino mostrarse con dignidad y respeto a sí mismo y hacia la otra persona que se pretende conquistar. Las cualidades se expresan naturalmente y no necesitan ninguna improvisación.

C) Booz responde con honra (Rut 3:8–11)

Este acercamiento valiente y respetuoso que hace Rut deja a Booz complacido al despertarse. Rut no lo atropelló ni intentó presionarlo; solamente le dice: *"Extiende tu capa sobre tu sierva, por cuanto eres pariente cercano"*. Esta expresión, en el contexto hebreo, era una forma respetuosa de solicitar que la acogiera con redención y matrimonio.

Booz no se ofende ni se molesta; al contrario, honra la virtud, el carácter y la nobleza de Rut, mostrándose de acuerdo con el aprecio que ella le expresa como mujer.

Esta historia también nos enseña que, en una relación sana, no hay espacio para ensayar, experimentar o comprobar los sentimientos; es decir, la sinceridad, el respeto y la seriedad deben estar enmarcados en una relación saludable y definida. Estos valores permiten que los pretendientes expresen sus expectativas, sentimientos, sueños e inquietudes sin temor.

Si estás con una persona que te escucha con respeto, que te responde decentemente y no se aprovecha de tu fragilidad, vas por buen camino. El respeto recíproco, la comprensión y la sinceridad son un terreno fértil donde florece el amor verdadero.

D) Rut es cuidada y bendecida, aun sin definiciones formales (Rut 3:14–15)

Rut volvió a su casa sin haber recibido aún una propuesta formal de matrimonio, pero no se fue con las manos vacías. Por su parte, Booz despide a Rut de forma muy discreta, para así preservar su honestidad. Asimismo, le da una cantidad generosa de cebada, mostrando el cuidado hacia ella.

Este hecho manifiesta que su interés por Rut no estaba condicionado por lo que lograra recibir a cambio de ello. Si bien no tenía ninguna decisión segura hasta ese momento, él ya estaba sembrando atención y provisión para su necesidad.

En la actualidad, las relaciones de noviazgo muchas veces son condicionadas con un compromiso legal, prebendas o peticiones deshonestas como una supuesta demostración de que "sí se quiere". Sin embargo, el amor auténtico no reclama, no espera, ni exige garantías que le beneficien, ni se manifiesta solo cuando se tiene un contrato o título que lo certifique.

Debes preguntarte: la persona con la que tienes una relación de noviazgo, ¿te está protegiendo espiritual, emocional y psicológicamente sin haber formalizado un compromiso? ¿Estás tú dispuesto a dar, antes de esperar recibir? Las señales de una relación sana y destacada se manifiestan en los pequeños detalles demostrados.

7.3. Un compromiso íntegro, público y bendecido por Dios (Rut 4:1–13)

El amor verdadero no se queda solo en el ámbito sentimental, físico e intelectual, sino que trasciende en la conveniencia de cada uno de los participantes de esta historia que se llama amor, de una forma indiscutible. En este punto de la historia, Booz muestra que la razón no se evidencia con palabras, sino con acciones y hechos innegables y responsables.

Booz no se esconde, no defiende con evasivas, no improvisa ni evade el proceso: asume su compromiso legal con los ancianos de la ciudad y honra públicamente a Rut, estableciendo una relación fundada en principios. No teme al qué pensarán, al qué dirán o a la opinión de los demás.

Dios no bendice lo que se proyecta, realiza o establece con engaños, falsedad y desobediencia; pero todo lo que demuestra sinceridad, respeto y honestidad, lo aprueba y lo bendice. Este texto nos muestra que una relación saludable demanda orden, legalidad y testimonio público. De esta manera, el amor logrará superar generaciones y transformarse en un legado existente.

A) Booz toma la iniciativa con responsabilidad legal y espiritual (Rut 4:1–6)

En esta parte de la historia, se muestra a Booz encargándose de la situación de forma responsable y diligente. Se colocó de pie ante los ancianos en la puerta de la ciudad —ya que allí se trataban los asuntos legales— y presentó abiertamente el asunto.

En el momento de ejercer su derecho como redentor, conservó el orden legal y consultó primero al pariente más cercano, el cual no quiso admitir la responsabilidad, concediéndole así la oportunidad formal a Booz para redimir a Rut.

Esta narración nos enseña que el verdadero amor no procede con apresuramiento, ni a escondidas o en la oscuridad. En una relación amorosa deben predominar la sinceridad, la justicia y el orden. Indiscutiblemente, Booz no se saltó el proceso ni se aprovechó de su cercanía sentimental con Rut.

Si tú deseas una relación saludable, trata de ser responsable con tus decisiones ante Dios y delante de los demás. Lo que se comienza bien, terminará bien.

B) El compromiso se formaliza con testigos y honra (Rut 4:7–10)

Booz asumió todo el compromiso para que quedara declarada la decisión admitida ante testigos. No decidió aceptar a Rut en secreto, ni lo hizo de manera caprichosa; realizó esa diligencia para legalizar la relación conforme a la ley.

Él anuncia su compromiso públicamente: *"Vosotros sois testigos hoy, de que he adquirido a Rut la moabita por mujer"*. Es corresponder con su reputación y su linaje; es la expresión que hace ante la comunidad que ha presenciado el acontecimiento, para hacerles parte de la bendición.

Hoy en día, pocas relaciones asumen esa responsabilidad civil; por el contrario, se esconden, se excusan, dilatan o justifican. Pero Booz asume una actitud que lo llevó a actuar con compromiso, madurez y confianza. Si de verdad amas a alguien, no dudes, no temas ni te asustes en hacerlo público.

El honrar públicamente lo que se ha planeado, dicho y hecho en privado es una actitud de madurez, aprecio y honradez hacia la persona amada. Cuando hay amor verdadero, también hay voluntad y disposición de entregar cuentas y dar pasos formales para legalizar la relación.

C) La unión recibe bendición generacional (Rut 4:11–13; Génesis 38:27–30)

El pueblo y los ancianos se mostraron satisfechos y le expresaron su bendición. Le dijeron: *"Jehová haga a la mujer que entra en tu casa como a Raquel y a Lea… y sea tu casa como la de Fares"*. Estas palabras conectan la unión de Booz y Rut con la más larga historia de redención que Dios había venido trazando.

Y así, en Rut 4:13 se confirma que Dios les concedió un hijo llamado Obed, quien dio inicio a una descendencia: Obed fue padre de Isaí, e Isaí padre de David, y así se estableció un linaje que, con el tiempo, se prolongaría hasta Cristo.

Una relación que honra y tiene en cuenta a Dios no solo es provechosa para la pareja, sino que también puede bendecir generaciones. El matrimonio no es solo un final romántico, sino un medio para el cumplimiento de un propósito eterno.

Cuando decides caminar en obediencia, fe y transparencia, el fruto de tu relación puede llegar a afectar positivamente a generaciones enteras, mucho más allá de lo que piensas. Tu relación o historia matrimonial también está llamada a dejar huella.

Cuestionario: amor, propósito y madurez en las decisiones de pareja

Al igual que los capítulos anteriores, recuerda que seguimos la misma dinámica del cuestionario del capítulo 1. Usa la escala desde el 0 hasta el 5, para asignar tu puntaje a cada uno de los siguientes aspectos de reflexión.

Aspecto de reflexión	Puntaje (0-5)
1. Ante las dificultades, mantenemos una actitud de servicio, responsabilidad y humildad.	
2. Buscamos conocernos más allá de la rutina, interesándonos en nuestro carácter y anhelos.	
3. Cuidamos detalles de atención, generosidad y apoyo sin esperar nada a cambio.	
4. Expresamos gratitud frecuente por lo que el otro hace.	
5. Valoramos y buscamos consejo sabio en decisiones importantes.	
6. Nos mostramos con autenticidad, sin máscaras ni manipulaciones.	
7. Creamos espacios de diálogo libre sobre emociones, planes y preocupaciones.	
8. Invertimos tiempo, recursos y esfuerzo para fortalecer la relación.	
9. Asumimos nuestra relación con responsabilidad pública, sin aplazar compromisos.	
10. Reconocemos que nuestro matrimonio tiene un propósito mayor que puede bendecir a otros.	
TOTAL	

0–20 puntos — Riesgo de desgaste o desconexión.

Este puntaje indica que es necesario detenerse, revisar prioridades y fortalecer la comunicación con humildad. Atender estas áreas a tiempo evitará que la distancia emocional siga creciendo.

21–35 puntos — Señales de rutina y baja expresión emocional.

Hay intención de construir, pero la relación muestra desgaste, silencios o falta de proyección. Este es un buen momento para renovar la visión de pareja y retomar hábitos que fortalezcan el vínculo.

36–45 puntos — Matrimonio sólido y comprometido.

Se observa madurez, respeto y trabajo constante por la unidad, aunque aún pueden profundizar en lo espiritual y en el propósito compartido. Pequeños ajustes pueden llevarlos a un nivel más profundo de conexión.

46–50 puntos — Relación fuerte y con visión trascendente.

El vínculo está bien cimentado en principios, amor genuino y colaboración. Mantener esta dirección permitirá que su matrimonio siga creciendo y sea una inspiración para quienes los rodean.

CAPÍTULO 8

ELCANA Y ANA: CUANDO EL DOLOR NO ROMPE EL PROPÓSITO

Algunas relaciones de pareja inician con tensiones que, aunque no se deseen, deben enfrentarse. La relación de Elcana y Ana reflejó la cultura de su tiempo: vivieron la esterilidad, los celos, la rivalidad y el descontento.

Esta historia se desarrolla dentro de un marco espiritual significativo. Elcana pertenecía a una familia vinculada a la tribu de Leví, apartada para el servicio del culto y la adoración en Israel. Este detalle revela que, aun en medio de conflictos emocionales y familiares, su hogar estaba estrechamente relacionado con la vida espiritual del pueblo y con el servicio a Dios. En medio de ese contexto adverso, comenzaba a gestarse un propósito eterno.

El capítulo no solamente nos cuenta la historia de una mujer que recibe un milagro, sino que también nos permite observar la convivencia de un matrimonio que transita por ciertas complicaciones en el amor y la frustración, así como por escenarios familiares positivos como la consagración, la fe y la determinación.

Es así como el nacimiento de Samuel no fue un evento aislado ni accidental; fue la respuesta divina a una oración sincera, y el inicio de una vida destinada al servicio de Dios, en coherencia con el trasfondo espiritual de su familia.

La historia de Elcana y Ana nos enseña que, si el sufrimiento forma parte de la vida matrimonial, esto no significa que Dios esté ausente, que te haya olvidado o que no sepa quién eres.

Por el contrario, muchas veces esas experiencias dolorosas se convierten en el terreno donde Dios prepara el corazón para recibir algo mucho más grande que la prueba misma: un propósito que trasciende la relación matrimonial alcanza a la familia y deja huella en generaciones futuras.

8.1. Las tensiones que la cultura impone sobre la relación (1 Samuel 1:1–2, 6)

Desde el comienzo de su unión, Elcana y Ana vivieron una tensión excepcional: la poligamia. Elcana, a pesar de amar profundamente a Ana, tenía a Penina como su otra esposa, quien además le daba hijos. Dado que la cultura de aquel tiempo toleraba la poligamia, se desató un clima de zozobra, celos, rivalidad y competencia.

La esterilidad de Ana no solo representaba un vacío, un desamparo y una tristeza personal, sino también un motivo de desprecio social. Penina, su rival, aprovechaba cada ocasión para humillarla, reprochándole su condición y haciéndola sentir como inferior.

Es importante saber que para ese tiempo en la cultura hebrea, la esterilidad no era percibida únicamente como una condición física, sino como una señal de deshonra, fracaso o incluso de desaprobación divina. La identidad de la mujer estaba fuertemente asociada a su capacidad de dar descendencia, especialmente hijos varones, quienes aseguraban la continuidad familiar y el reconocimiento social.

Por esta razón, la esterilidad exponía a la mujer no solo al dolor íntimo, sino también a la humillación pública, al señalamiento constante y a una profunda presión emocional.

Comprender este trasfondo cultural nos permite dimensionar la magnitud del sufrimiento de Ana. Su dolor no era silencioso ni privado; era diario, visible y reforzado por una estructura social que la hacía sentirse incompleta y sin valor. Este contexto explica por qué su aflicción afectaba su alimentación, su ánimo y su vida espiritual. Ana no solo luchaba con un anhelo no cumplido, sino con una identidad herida por la cultura que la rodeaba.

Por su parte, hoy en día las relaciones matrimoniales también sufren presiones externas que no provienen de los miembros de la pareja. Son fruto de tradiciones familiares, culturales o sociales, o de tendencias contemporáneas que imponen una forma particular de vivir el amor y asumir el compromiso conyugal.

Por eso, es necesario que la pareja reconozca que existen tensiones y patrones que deben enfrentarse no desde la permisividad cultural o social, sino desde la verdad, la fe y la sensatez. Algo socialmente aceptado no siempre es saludable, bíblico ni aprobado por Dios.

Hoy en día, las relaciones conyugales también pueden verse afectadas cuando terceras personas ocupan un lugar similar o incluso superior al del cónyuge: exparejas, hijos de relaciones anteriores o familiares excesivamente involucrados. No se trata de desconocer esas realidades, sino de aprender a vivir con ellas desde una perspectiva madura, estableciendo límites y puntos de equilibrio bajo la dependencia de Dios.

Elcana y Ana no eligieron el contexto en el que edificaron su relación, pero supieron buscar en Dios el equilibrio, la dirección y la fuerza para sostenerla a pesar de las diferencias.

8.2. Cuando el amor no cubre la comprensión emocional (1 Samuel 1:3–5, 8)

Elcana tenía una forma especial de expresarle su amor a Ana. Cada vez que subían a adorar en la Casa de Dios, se convertía en un momento especial porque le daba una "parte escogida". Este gesto generoso denotaba que la prefería. Sin embargo, a pesar de que Ana recibía atención, favoritismo y amor desde el exterior, su corazón permanecía herido.

El no poder concebir hijos se había transformado en un vacío y una herida emocional profunda. Era un problema natural que no se remediaba con atenciones o detalles externos. Su frustración o congoja era tan profunda que no disfrutaba de la comida, la bebida, ni de las atenciones y compañía que le brindaba su esposo.

Este escenario también es muy común en la vida matrimonial de algunas parejas: porque el amor no tiene la capacidad de cubrir y llenar todos los vacíos o frustraciones emocionales de la otra persona. Puede que uno de los dos esté dándolo todo —regalos, atenciones, palabras, afecto, demostraciones de interés—, pero si no hay una comprensión y empatía hacia la condición espiritual y emocional que está sufriendo el otro, el nivel de conexión se va deteriorando.

Elcana preguntó con ternura: *"¿No te soy yo mejor que diez hijos?"* (1 Samuel 1:8). Y si bien lo hacía de buena fe, la pregunta no respondía al padecimiento interno que estaba sufriendo Ana. Amar es también aprender a acompañar sin cuestionar, y dar consuelo presencial, permaneciendo muchas veces en silencio.

Por eso es tan necesario establecer un espacio dentro del matrimonio en el cual sea posible dar a conocer o confesar los traumas, heridas, experiencias negativas, frustraciones heredadas y el dolor no resuelto, sin el temor a sentirse incomprendido o juzgado.

Amar al cónyuge también implica comprensión y aprender a leer su expresión emocional, a preguntarle cómo se siente en tal o cual momento y a no dar por sentado que todo está bien solo porque uno está aportando lo mejor de sí.

El amor se desarrolla y se acrecienta cuando viene acompañado de empatía y presencia emocional, quiera o no, a pesar de la falta de una solución inmediata.

8.3. Palabras que hieren más que el silencio (1 Samuel 1:5–7)

Si bien Elcana manifestaba su amor a Ana a través de acciones visibles, ella no captaba la esencia de su cooperación por su frustración emocional y su corazón herido, a causa de las provocaciones recurrentes y malintencionadas de Penina.

El texto dice que su rival *"la irritaba, enojándola y entristeciéndola"* (1 Samuel 1:6). No se trataba de un hecho esporádico, sino de una acción que se repitió día tras día, incidiendo en su estado emocional y en su relación de pareja. Esa tristeza, congoja, frustración y pesadumbre fueron creciendo en su interior año tras año.

También en muchas relaciones de pareja se produce algo similar. Hay cónyuges que sienten inseguridad, abatimiento, incomprensión, indiferencia, y sufren por comentarios externos que no cesan de hablar mal, así haya amor entre ellos.

Cuando uno de los dos permite que terceros se involucren y opinen maliciosamente sobre la relación, se afecta emocionalmente a la pareja. Puede tratarse de amigos, familiares, exparejas, jefes, compañeros de estudio o de trabajo. Esta permisividad va deteriorando la intimidad de la pareja.

Por eso es determinante acordar qué voces, personas, familiares o amistades pueden ser parte del vínculo cercano a la relación de pareja. Filtrar bien la voz que opina les permitirá evaluar qué comentario se puede aceptar, qué sentimiento produce en uno o en ambos, y si es nocivo, deben rechazarlo inmediatamente.

También, dicho texto nos enseña que el sufrimiento emocional no está subordinado solo a sucesos corporales. Ana tenía motivos para sentirse afligida, y su aflicción hacía que el alimentarse fuera una tortura, y que la tristeza fuese una parte determinante en su vida espiritual.

La relación matrimonial debe identificar cuándo uno de los dos ha sido herido o lastimado por comentarios o actitudes externas. No hay que minimizar el dolor, sino abrir espacios para hablar, escuchar y comprender atentamente, identificando el dolor, la herida y la persona que ha hecho el comentario o ha cometido la ofensa, para luego perdonarla, confesando a Dios en oración el sentimiento, la herida y el dolor causados.

Solo así es posible sanar las heridas del alma provocadas por comentarios o actitudes que otros han dicho o hecho maliciosamente. Recordemos aquello que nos dice el Señor: *"Confesaos vuestras ofensas, y orad unos por otros, para que seáis sanados. La oración eficaz del justo puede mucho"* (Santiago 5:16).

8.4. La oración como camino hacia la sanidad emocional (1 Samuel 1:9–11)

Después de muchos años de aflicción y de dolor emocional, Ana tomó una decisión que cambió no solo su vida, sino también la historia familiar. Se dirigió al lugar de adoración y abrió su corazón en oración delante de Dios.

No esperó ni buscó más el consuelo de su esposo, ni se amargó más con su rival, sino que acudió en oración y derramó su alma delante de Dios.

En aquel lugar Ana lloró y sinceramente entregó su voluntad al Señor: *"Si te dignares a mirar la aflicción de tu sierva… y me dieres un hijo varón, yo lo dedicaré a Jehová todos los días de su vida"* (1 Samuel 1:11). En este momento, su oración no fue de queja, cuestionamiento, acusación o victimización; por el contrario, fue una oración de confesión y entrega profunda, acompañada de quebrantamiento.

La oración de Ana marca un punto de inflexión no solo en su historia personal, sino también en la comprensión bíblica de la relación entre el dolor humano y la respuesta divina. Ana no ora desde la exigencia ni desde la queja, sino desde una entrega absoluta. Al derramar su alma delante de Dios, renuncia al control, deposita su carga emocional y se rinde completamente a la voluntad del Señor. Su oración no busca simplemente obtener un hijo, sino confiar en que Dios sabe lo que hace con su vida y su futuro.

Este acto de fe revela una verdad espiritual profunda: en la pareja, cuando uno de los dos entrega genuinamente su carga a Dios, algo comienza a transformarse aun antes de que llegue la respuesta visible. Ana se levantó distinta porque su corazón ya había sido aliviado. La enseñanza es clara: llevar las cargas familiares y matrimoniales a Dios con sinceridad no garantiza una respuesta inmediata, pero sí abre la puerta a una transformación interior que prepara el terreno para la obra de Dios.

En la actualidad, muchas relaciones matrimoniales, cuando uno de los cónyuges experimenta periodos de nostalgia, tristeza, depresión o dolor emocional, suelen recurrir con más frecuencia a la queja o el distanciamiento.

La historia de Ana nos muestra un nuevo camino: el del clamor sincero ante Dios. La oración muchas veces no cambia los escenarios, pero sí transforma el corazón. Cuando escoges orar con un corazón sincero y abierto, consigues una consolación que supera lo que podría brindarte tu cónyuge en palabras o afecto.

En momentos de tristeza, ansiedad, temor o ira, debes orar no solo para que tu pareja cambie, sino porque tú necesitas encontrar tu paz interior.

Esta narración bíblica da a conocer la verdad: cuando un individuo se aferra a orar y empieza a entrar en la frecuencia del reino de Dios, ya no ruega solamente para ser feliz, ora para conocer y cumplir algo mucho más grande que su dolor y su problema.

En la relación matrimonial, esto significa aprender a buscar en Dios la armonía, el rumbo y la fuerza para conservar la relación a pesar de las diferentes posturas. Así, la oración no debería separar a las personas, sino convertirse en el espacio donde ambos se preparan para reencontrarse, con una convicción más firme y una disposición más sensata y cuidadosa.

8.5. Cuando la vulnerabilidad es malinterpretada (1 Samuel 1:12–16)

Mientras Ana se disponía a orar con un corazón quebrantado, el sacerdote Elí la observaba sin entender la forma ni el motivo de su oración. Al ver que sus labios se movían y no escucharle ninguna palabra, interpretó que estaba ebria y la reprendió.

A lo que Ana respondió con humildad y firmeza: *"No, señor mío; yo soy una mujer atribulada de espíritu. No he bebido vino ni sidra, sino que he derramado mi alma delante de Jehová"* (1 Samuel 1:15). Su fragilidad y quebrantamiento fueron malinterpretados, pero eso no la detuvo.

Esta narración enseña que la vulnerabilidad emocional suele malinterpretarse. En medio de crisis, ansiedad o cansancio, una persona puede parecer distante o indiferente. Sin sensibilidad ni comunicación, es fácil emitir juicios injustos sobre lo que realmente no se comprende desde fuera.

Esto, llevado al contexto de la relación matrimonial, también puede ocurrir entre los cónyuges que, por falta de sensibilidad y comunicación, es muy fácil emitir juicios injustos.

Lo que para Ana fue un acto de quebrantamiento y profunda fe, para el sacerdote Elí fue una expresión descontrolada e irreverente, por lo cual Ana fue señalada y criticada debido a una interpretación errónea basada en la apariencia, sin siquiera averiguar qué era lo que realmente le acontecía.

También en muchas ocasiones señalamos, criticamos o juzgamos al otro desde la apariencia, las suposiciones, los imaginarios o a partir de nuestra propia interpretación.

Por eso, en el vínculo matrimonial es importante aprender a cuestionar lo que sucede antes de emitir juicios o conjeturas sin fundamento. Lo ideal es preguntar, escuchar y luego corregir aquello que sea necesario. La vulnerabilidad no implica debilidad; al contrario, es una oportunidad para compartir con el otro lo que se siente.

Si tu cónyuge te hace partícipe de su dolor, si expresa con emoción lo que vive, no lo interpretes como una amenaza, sino como una invitación a la cercanía y al entendimiento.

El amor reflexivo y equilibrado no se construye desde la crítica ni el señalamiento, sino desde la atención, la empatía y la consideración, hasta llegar a ser un apoyo incondicional.

8.6. Una respuesta que transforma el ambiente emocional del hogar (1 Samuel 1:17–19)

Una vez que Ana clarificó su actitud delante del sacerdote, recibió palabras de bendición: *"Ve en paz; y el Dios de Israel te otorgue la petición que le has hecho"* (1 Samuel 1:17). Su vientre no se había transformado, pero su corazón sí. El texto dice: *"se fue por su camino, y comió, y no estuvo más triste"* (v. 18).

Es innegable que esta transformación interior provocó un efecto inmediato: la tristeza que había esclavizado a Ana fue desalojada por la paz que conduce a la fe y a la confianza de recibir respuesta o ver resultados antes de tiempo.

Es común que, cuando uno de los cónyuges experimenta una transformación, esto impacte positivamente el entorno del hogar. En el caso de Ana, al recibir paz, fue restaurado su ánimo y también su relación con su esposo. Al día siguiente, como relata el texto, ambos se levantaron, adoraron juntos a Dios y regresaron a casa; luego, Elcana se unió a Ana su mujer, y Jehová se acordó de ella (1 Samuel 1:19).

El encuentro con Dios no solo transforma el corazón individual, sino que también favorece el reencuentro conyugal. Cuando uno de los cónyuges entra en la presencia de Dios, se genera una renovación que puede impactar la atmósfera física, emocional y espiritual de la relación desde su interior

Así como el entorno familiar puede verse afectado por la tristeza, la ansiedad y la desmotivación, también puede ser restaurado mediante la fe y el acercamiento a Dios. Si te encuentras en un momento sin salida, no menosprecies la importancia de un corazón rendido y entregado a Dios.

La paz y dirección que se recibe a través de la oración pueden ser más que suficientes para encender y estimular la alegría, el amor y la intimidad. El milagro de Ana no comenzó en su cuerpo, sino en el interior de su corazón; y desde allí recibió sanidad y restauración, ella como mujer, y desde luego, todo su hogar.

8.7. Un milagro que cambia las prioridades familiares (1 Samuel 1:20–23)

Dios contestó el clamor de Ana y le concedió lo que era imposible para ella, llegando a ser posible: el ser madre. Ella dio a luz un hijo y lo llamó Samuel, diciendo: *"Por cuanto lo pedí a Jehová"* (1 Samuel 1:20).

Sin embargo, no fue solo el hecho de haber dado a luz un hijo lo que causó impacto en esta pareja, sino lo que sucedió después. Cuando Elcana y su familia subieron a la celebración anual, Ana decidió no subir y quedarse en casa para dedicarse, cuidar y atender al niño.

Este suceso nos revela que, cuando Dios actúa en la familia, también cambia el sistema de prioridades. Llama la atención que, en este aspecto, Elcana no cuestiona ni impone su autoridad ni su fuerza; más bien, fue respetuoso de la decisión de Ana, respondiéndole con calma: *"Haz lo que bien te parezca; quédate hasta que lo destetes"* (1 Samuel 1:23).

Este suceso manifiesta madurez, apoyo y acompañamiento. No presiona, demanda ni exige el acompañamiento a tan importante celebración como una forma de apariencia religiosa, sino que acompaña a su mujer en la búsqueda de dirección para la nueva etapa que les esperaba.

Cada relación de pareja, cuando recibe una bendición, también enfrenta nuevos desafíos, acuerdos y compromisos en los que se habrán de hacer ajustes, delegaciones y asumir nuevas responsabilidades. Muchas veces, los milagros requieren nuevas exigencias.

El nacimiento de un hijo, un ascenso laboral, un cambio de domicilio o una respuesta de parte de Dios puede transformar la rutina. Lo relevante de esta pareja es que se acoplaron y tuvieron sensibilidad para reorganizar las prioridades. Ana y Elcana entendieron que no toda la vida podía continuar igual.

Su ejemplo nos invita a reflexionar: ¿Estás dispuesto a modificar tus planes por lo que Dios está haciendo en tu hogar? ¿Te atreves a pactar con Dios, y estás dispuesto a cumplirle después de que Él te haya otorgado la petición o el milagro?

8.8. Una entrega que honra el pacto con Dios (1 Samuel 1:24–28)

Ana cumplió su promesa cuando llegó el tiempo del destete. No retuvo al hijo tan deseado, sino que, después de amamantarlo, lo llevó a la Casa de Dios y lo presentó al sacerdote Elí, diciendo: *"Por este niño oré, y Jehová me dio lo que le pedí. Yo también lo dedico a Jehová; todos los días que viva, será de Jehová"* (1 Samuel 1:27–28).

Su fidelidad y obediencia fueron absolutas, sin miedo ni excusas. Ana comprendió que el plan de Dios va más allá de las emociones temporales. Su decisión refleja un ejemplo espiritual y conyugal: la fe no solo se manifiesta al pedir o recibir, sino también al consagrar y entregar a Dios.

Una decisión como la de Ana exige entrega total; se siente hasta lo más profundo del ser, porque implica una muerte al yo. Significa privarse de la cercanía, las miradas, los abrazos, la ternura, la inocencia y el aprendizaje que se disfrutan en la crianza de un hijo tan esperado.

¿Anhelar durante tantos años tener un hijo para luego no disfrutarlo plenamente y conformarse con verlo una vez al año, por un breve tiempo? ¡Qué difícil enseñanza para quienes tanto anhelaron ser padres!

Elcana respetó el proceso de Ana, apoyándola sin conflicto ni oposición. Comprendió que lo entregado a Dios era sagrado y aceptó su decisión tomada en oración. Su actitud revela que la unidad en la relación matrimonial fue clave para hacer posible la dedicación de su hijo Samuel a Dios.

Hoy, el reto en muchos matrimonios no es recibir bendiciones, sino consagrarlas a Dios, de quien proviene todo bien (Santiago 1:17). ¿Qué haces con lo que has recibido? ¿Lo usas solo para ti o estás dispuesto a entregarlo a un propósito mayor?

Entregar, en lo espiritual, no es perder; honrar a Dios con lo que amas puede ser semilla de bendición para futuras generaciones. Ana y Elcana no solo tuvieron un hijo: formaron un profeta que impactó a toda una nación y a quienes vendrían después.

Cuestionario: el arte de acompañar, orar y consagrar en pareja

Recuerda que seguimos la misma dinámica de los cuestionarios anteriores. Usando la escala desde el 0 hasta el 5, asigna tu puntaje a cada uno de los siguientes aspectos de reflexión.

Aspecto de reflexión	Puntaje (0-5)
1. Identificamos juntos las presiones externas y las enfrentamos con verdad y fe.	
2. Reconocemos que el amor conyugal no llena todos los vacíos y nos acompañamos sin juzgar.	
3. Creamos espacios de diálogo para hablar de heridas y frustraciones sin temor.	
4. Evitamos influencias externas negativas, filtrando consejos con sabiduría.	
5. Respondemos con empatía y oración cuando uno enfrenta tristeza o crisis emocional.	
6. Reconocemos que la transformación interior de uno fortalece la armonía del hogar.	
7. Ajustamos nuestras prioridades familiares con madurez al entrar en nuevas etapas.	
8. Respetamos las decisiones espirituales del otro, aun cuando impliquen sacrificios.	
9. Practicamos compromiso con Dios y cumplimos lo prometido en oración.	
10. Reconocemos que nuestras bendiciones deben bendecir a otros y las consagramos con propósito.	
TOTAL	

0–20 puntos — Heridas abiertas que necesitan atención.

Así como Ana no hallaba consuelo, puede haber áreas desconectadas dentro de la relación. Es urgente crear espacios de escucha y acompañamiento espiritual para iniciar la sanidad.

21–35 puntos — Avance con dolor no resuelto.

Aún existen frustraciones o pensamientos no expresados, como en los años de aflicción de Ana. Es tiempo de orar con honestidad, dejar las suposiciones y escuchar el corazón del otro sin juicios.

36–45 puntos — Matrimonio con raíces de fe y compromiso emocional.

La relación se está construyendo con empatía, respeto y apertura a los planes de Dios. La pareja avanza, acompañándose, cediendo y reorganizando prioridades con madurez.

46–50 puntos — Unidad espiritual que deja legado.

Viven una relación madura, rendida a Dios y con propósito claro, como Ana y Elcana al consagrar a Samuel. Este camino de fe puede impactar a generaciones y bendecir profundamente a otros.

CAPÍTULO 9

NABAL Y ABIGAIL: LA SENSATEZ EN MEDIO DE UNA RELACIÓN DESIGUAL

¿Puede una relación sobrevivir cuando uno de los dos es indiferente, desatiende, desiste y destruye lo que el otro edifica? ¿Qué ocurre cuando una persona sensata se une con alguien necio, materialista, sin visión y sin dominio propio?

Esta pareja de Nabal y Abigail constituye uno de los mayores contrastes o diferencias que aparecen en las Escrituras. Él era un hombre inhumano, áspero, insensato, materialista y arrogante. Ella, por su parte, era de buen entendimiento, buen juicio y temerosa de Dios. No compartían principios espirituales, valores ni proyecto de vida; cada uno pensaba, actuaba y decidía de forma diferente.

Lo que sí compartían Nabal y Abigail era la misma casa, el mismo entorno y apellido; pero también la misma crisis, que pondría a prueba la manera en que cada uno actuaría y expresaría lo que verdaderamente era como persona.

Esta historia no solo pone de manifiesto la tensión, desacuerdo, diferencia y atmósfera de lo que es un yugo desigual, sino también la influencia que puede llegar a tener una persona cuando desarrolla su forma de ser en el pensar, hacer, y es su forma de convivir y actuar.

Abigail actuó con determinación y un carácter que le proporcionó discernimiento, templanza, madurez emocional y fe. Abigail no eligió bien al escoger a Nabal como cónyuge, pero sí eligió bien la respuesta ante la amenaza de la desintegración familiar, mostrando firmeza, diligencia y sensatez en la toma de decisiones, no dejándose amedrentar, desesperar, acobardar, desvelar ni intimidar ante el caos o el ultimátum determinado por las desacertadas decisiones de su cónyuge Nabal.

9.1. El yugo desigual: realidad tóxica en una misma casa (1 Samuel 25:2–3, 10–11, 14, 17, 25, 36–37)

En el desarrollo de este relato, la Escritura no solo describe los hechos, sino que deja al descubierto la verdadera condición de la relación: Nabal y Abigail vivían bajo el mismo techo, pero profundamente distantes en carácter, valores, decisiones y visión de vida.

Esta falta de alineación evidenciaba una relación fragmentada, en gran parte explicada por el carácter de Nabal, cuyo nombre significa "necio" (1 Samuel 25:3), quien era un hombre rico, pero tacaño, duro y de mala conducta.

Aquello que podía ser una relación de comunión, comprensión, ayuda mutua y propósito compartido se tornó en una relación confusa, desigual, tensa e injusta.

Esta historia nos muestra actitudes y decisiones que dejan ver el carácter de un hombre existencialmente difícil, malintencionado y materialista que podremos analizar a continuación.

A) El carácter destructivo de Nabal

i) Nabal un hombre duro y de malas obras (1 Samuel 25:3)

Nabal no era distinguido por ser una persona noble, sino por su dureza y sus acciones nocivas. Ser "duro" implica algo más que rigidez: hace referencia a un temperamento insensible, terco y difícil de tratar. A pesar de pertenecer a una familia noble, su comportamiento no manifestaba en nada esa nobleza y sabiduría.

En la vida familiar convivir con una persona dura e inhumana conlleva a un desgaste emocional continuo. La dureza mata el afecto, estanca la comunicación, acaba con la comprensión y asimismo hiere y lastima a quienes están más cercanos, produciéndoles dolor y desmotivación.

ii) Un hombre ofensivo, irrespetuoso y cruel con sus palabras (1 Samuel 25:10–11, 14)

Las expresiones o palabras de Nabal eran sarcásticas, provocadoras, ofensivas e irreverentes. Afrentó abiertamente a David y deshonró públicamente aquellos que querían ayudarlo. Era una persona incapaz de hablar con moderación o amabilidad.

En la actualidad miles de cónyuges o familiares viven esa triste realidad donde permanentemente son agredidos, insultados, heridos y deshonrados con palabras duras descalificantes que lastiman, desmotivan y provocan sentimientos de tristeza y enojo. Conforme lo expresa en Proverbios 15:1: *"La blanda respuesta quita la ira, más la palabra áspera hace subir el furor"*.

No olvidemos que las expresiones o palabras verbales hacia el cónyuge o hacia algunos de nuestros familiares, son de gran importancia. Lo que decimos afecta a otros para bien o para mal, ya que las palabras traen vida o muerte, destruyen o edifican, traen bendición o maldición, animan o desaniman. La forma de hablar evidencia lo que hay dentro del corazón (Proverbios 12:18 y 18:21).

La pareja que se acostumbra a las palabras deshonestas, insultos, gritería, murmuración o comentarios maliciosos adopta una de las costumbres más tóxicas y nocivas que existen. Esta práctica sirve para rebajar, desprestigiar y humillar al cónyuge, y fomenta el resentimiento, el dolor y el caos en el núcleo familiar.

iii) Un hombre iracundo e imposible de razonar (1 Samuel 25:17)

Nabal era un hombre cerrado al diálogo, esclavo de su ira; no escuchaba razones, sugerencias y mucho menos consejos. Sus propios siervos lo describieron como alguien con quien no se podía hablar. Su presencia infundía miedo, generaba incomprensión y provocaba aislamiento. Era un hombre explosivo, agresivo y humillante.

Lo triste es que, en la actualidad, muchos cónyuges o familiares cercanos son víctimas de este tipo de comunicación nociva y dañina. Cuando uno de los cónyuges se expresa o responde gritando, agrediendo e insultando, está utilizando la violencia verbal como medio para maltratar emocional y verbalmente a sus seres más cercanos.

Lo mismo ocurre cuando se niega a escuchar y a responder, usando el silencio prolongado como un arma letal para lastimar, confundir y herir a su cónyuge o familiares cercanos. Por lo tanto, cuando la comunicación se estropea, el sentimiento del amor se ahoga y se apaga.

iv) Un hombre insensato, necio e imprudente (1 Samuel 25:25)

Abigail manifiesta claramente que Nabal era un insensato. Su nombre lo definía, y su modo de ser lo confirmaba. Es una persona que actúa sin calcular las consecuencias, toma decisiones absurdas que ponen en riesgo a todos sus allegados, principalmente a su familia.

La necedad o estupidez en la relación conyugal se hace indiscutible cuando se desestiman las instrucciones, responsabilidades y deberes, y se le da la espalda a los principios, acuerdos y compromisos que exige una relación matrimonial.

La necedad fastidia, desespera, desagrada y deja huellas nocivas y profundas en el interior del núcleo familiar. Es la protagonista de que la mayoría de los sueños, relaciones, sentimientos y proyectos se deterioren y se arruinen.

v) Un hombre esclavo de la embriaguez (1 Samuel 25:36–37)

Mientras Abigail intercedía y se exponía en defensa de su casa, Nabal, su marido, festejaba y se embriagaba. Precisamente, ese es un distintivo que caracteriza a una persona necia y evasiva: busca siempre el placer, sin importarle la necesidad, preocupación, dolor u ocupación de los más allegados.

El alcoholismo, la drogadicción, el tabaquismo, el uso desmedido de internet y redes sociales, la pornografía, los juegos de azar, los videojuegos, o cualquier otro hábito que produce adicción, son señales de un cónyuge que vive despistado, deslumbrado y seducido por el vaivén de las modas, placeres o pasatiempos momentáneos y evasivos.

Estos consumen tiempo, dinero, energía y, sobre todo, la paz, la dedicación y la sensatez que se necesita para afrontar los compromisos y retos de una familia visionaria. Estos vicios o costumbres destruyen y matan la confianza a través de tensiones, disputas o reclamos, obstaculizando el crecimiento y desarrollo conyugal y familiar.

El hogar necesita autodisciplina, compromiso, correspondencia y acuerdo en el diario vivir. Estos resultados solo se obtienen cuando hay madurez emocional, principios y valores morales y espirituales.

El carácter de Nabal era totalmente necio, perverso, malintencionado y destructivo. Era un hombre que no temía a Dios, no cuidaba de su familia, y no tenía respeto por ninguna otra persona.

Es decir, un ser humano que hacía todo lo posible por comportarse de manera completamente tóxica y dañina. Convivir cerca de él no solo debilitaba el aliento, sino que desestabilizaba y perturbaba el estado emocional y espiritual de quienes estaban a su alrededor. Su modo de ser, actuar y vivir era todo lo contrario al de Abigail, su cónyuge.

B) Lo que implica convivir en yugo desigual (1 Samuel 25: 3)

Esta historia bíblica de Nabal y Abigail es una expresión auténtica y real de lo que representa la omisión, el desacato y la desobediencia a una advertencia divina que ha establecido nuestro Padre celestial para quienes desean o aspiran a formalizar un hogar. Hay muchos que no le dan importancia a ello y arrastran consigo las secuelas y marcas profundas que conlleva un yugo desigual.

Es incontable el número de personas que han sido víctimas de este fenómeno desgastante y asfixiante, que han sufrido el rechazo, el agravio, el desplante, el menosprecio y la confrontación con aquello que un día profesaron creer, hacer y compartir.

Abigail, "una mujer de buen entendimiento y de hermosa apariencia", tristemente, a pesar de la sabiduría y belleza que la caracterizaban, fue engañada, confundida y aprisionada por sus sentimientos al enredarse y comprometerse con un individuo totalmente ajeno a lo que ella era, pensaba, planeaba, compartía, vivía y soñaba del presente y del futuro.

El desacuerdo se palpaba en las acciones, en los valores morales y espirituales, en las decisiones y en la percepción de la vida. Lo que podría haber sido una relación armoniosa se transformó en una relación nociva, tóxica, amenazante y peligrosa.

9.2. Abigail: lucidez, fe y valentía en medio del caos (1 Samuel 25:3, 5–25, 32–42)

En un hogar con un ambiente hostil, bajo el mando de un hombre iracundo, irresponsable e insensible a cualquier sentido de la responsabilidad familiar, emerge la figura de Abigail como un sorprendente modelo de sensatez, autoconfianza y fe positiva.

Su historia evidencia que incluso en situaciones disfuncionales, y peligrosas, una sola persona que muestre principios bien estructurados puede llegar a convertirse en el instrumento protector, salvador y honorable de la familia entera.

Este capítulo indica que Abigail, lejos de dejarse arrastrar por las circunstancias, -en medio del caos, creado por su marido- se encontró involucrada como una mujer capaz, con convicciones espirituales y dotes de sabiduría emocional.

A) Una mujer que no se deja trastornar por el entorno (1 Samuel 25:3, 36–37)

La actitud y respuesta de Abigail, al verse inmersa en un callejón sin salida, no fue la victimización, el estancamiento, el desespero ni el adaptarse al medio ambiente; tampoco huyó del entorno o del círculo familiar.

Abigail tomó la iniciativa y se convirtió en un instrumento de paz, solución, salvación y honra. Esta mujer nos muestra que, en medio de una relación disfuncional, se puede lograr una transformación emocional, afectiva, social y espiritual.

Cuando se permanece firme y fiel a los principios y valores morales y espirituales, es posible influir para bien y cambiar la historia familiar y de toda una región o nación.

Abigail se hallaba en un escenario emocionalmente amenazante por causa de una decisión equivocada de su cónyuge; sin embargo, nunca permitió que su entorno determinara su convicción, su fe ni sus valores. La historia la describe como una mujer "virtuosa", es decir, sabia y prudente.

Aunque Abigail convivía en un contexto hostil, apático e inhumano, su actitud era la de una mujer reflexiva y sensata. No se dejó llevar por los impulsos del momento, sino que observó y actuó con moderación, determinación y sentido común.

Cuando ella se entera del comportamiento nocivo de su cónyuge Nabal, de la respuesta agresiva y provocadora que este da a los siervos de David, así como de la amenaza de muerte que se aproxima sobre toda su familia por la insensatez de su esposo, ella no se amedrentó, alteró ni desesperó. Tampoco se justificó ni buscó culpables.

Ella asumió el rol que su marido había abandonado: el de mediadora, pacificadora y protectora de su casa y su familia. Lo más sorprendente es que su reacción fue el resultado de su convicción, fe, determinación y carácter.

Abigail era consciente de que tenía una responsabilidad ante Dios y ante su familia, a pesar de que su marido ni siquiera estaba enterado de la gravedad de la situación que estaban viviendo.

El ejemplo de esta mujer nos enseña que, ante un hogar en crisis por violencia, adicciones o desintegración, basta que uno de los cónyuges actúe con sabiduría y prudencia para generar un cambio en el entorno y transformar el rumbo de su familia y futuras generaciones.

Hoy, muchas personas viven en entornos injustos o caóticos donde sus valores chocan con una atmósfera hostil. Procuran el bien y esperan ser correspondidas, pero reciben indiferencia, burla u oposición. Como resultado, se desaniman y llegan a sentir que han fracasado profundamente.

La historia de Abigail está llena de motivación, ánimo y coraje para animar a muchos a permanecer firmes en medio de la tormenta, sin perder la dirección, la visión, el propósito ni la meta, manifestando un estilo de vida sabio y piadoso.

Estas son las evidencias que hacen la diferencia en medio del desorden, sin dejarse arrastrar, afectar ni acomodarse solo para sobrevivir, sino siendo testigos de lo que Dios nos ha llamado a ser, como hijos y representantes de su reino.

B) Cuando se actúa con principios y fe la familia es protegida (1 Samuel 25:5–13; 14–17)

La amenaza y el caos contra esta familia se incrementaron rápidamente. David, al verse despreciado y agraviado por Nabal, no pasó por alto este hecho ni lo dejó desapercibido. Con ira y determinación, decidió armar a sus hombres y marchar hacia la casa de Nabal para exterminar a cada uno de sus allegados.

La reacción espontánea de David no se debía únicamente a que su ego había sido herido, sino también a que su labor, trabajo y esmero no habían sido reconocidos ni valorados como era merecido.

En medio de este escenario amenazante, aparece un aspecto determinante y decisivo: uno de los criados se dirige a Abigail y le da a conocer la noticia y la amenaza que se avecina sobre toda su casa.

La reacción de Abigail, al enterarse de la mala noticia, no fue quedarse de brazos cruzados ni paralizarse pensando qué hacer, mucho menos resignarse a una condición que anticipaba desgracia y muerte para ella y su familia. Por el contrario, actuó con prontitud y diligencia para enfrentar la situación.

Ella no postergó, no puso plazos ni excusas. Se desplazó usando el transporte más oportuno: montó en un asno y descendió por un monte para enfrentar a un grupo de cuatrocientos hombres desconocidos que venían armados y resueltos a quitar del medio al que se opusiera.

Esta mujer se impulsó a darle la cara al problema y a buscar soluciones. No se quedó esperando respuestas externas, tampoco espiritualizó el problema dedicándose solo a orar y ayunar. Ella se colocó en la brecha y levantó un vallado frente a la amenaza que estaba determinada para ella y toda su familia.

Lo que hace tan interesante esta historia es el hecho de que Abigail no contaba con el respaldo de su esposo, ni con el apoyo físico, espiritual o moral de un familiar cercano.

Pero con lo que sí contaba era con coraje, prudencia, fe y carácter. Y eso le bastó para actuar a favor de su familia, salvar sus vidas, evitar una masacre y la desintegración familiar, enfrentando a un futuro rey enfurecido.

Esta narración nos confirma que, muchas veces, la intervención de un solo cónyuge puede asumir el timón espiritual y emocional, y provocar cambios al interior de su hogar sin el respaldo de los demás, en un acto decisivo de intercesión, pacificación o mediación para evitar el fracaso y la desintegración familiar.

Ese desastre es provocado, precisamente, por los "Nabales" o cónyuges despistados; sin embargo, aún es posible detener un desenlace adverso. Se puede cambiar el rumbo de realidades como el desplazamiento, el divorcio, la drogadicción, la delincuencia o la enfermedad, y transformar el entorno familiar para traer paz, bienestar y vida a quienes más lo necesitan.

En este sentido, la protección familiar no se asegura por la cantidad, sino por la convicción y la determinación. Así mismo, en la actualidad, puede ser que tú seas quien ora, intercede, busca soluciones, pone los límites y pide ayuda.

Tal vez tu cónyuge ni siquiera sea consciente, coopere o le interese el problema o situación que se aproxima; pero tú puedes seguir firme en la brecha con fe, sinceridad, humildad y perseverancia, hasta que Dios intervenga y se haga cargo de tu necesidad o petición.

Abigail no usó palabras, prédicas, sermones ni consejos; ella lo demostró con hechos, manifestando su determinación, dominio propio, fe, prudencia, liderazgo y obediencia.

C) Cuándo hablar, y cuándo callar: el poder de la inteligencia emocional (1 Samuel 25:18–25)

Vemos que Abigail se da prisa de forma recursiva y diligente; asume esta decisión con moderación y sabiduría, preparando un abundante y generoso presente para el encuentro con David. No lo hace porque tuviera que justificar su acción, ni porque tuviera que defender a su marido, sino porque buscaba, en lo posible, impedir una tragedia.

Ella no fue con las manos vacías: preparó provisiones adecuadas para resolver el conflicto. Reconoció la necesidad física del grupo y llevó soluciones concretas para el momento. Así se mostró como una mujer sensata, generosa y desprendida, capaz de responder con sabiduría ante la situación.

Sin perder su intrepidez, Abigail confrontó a David en su relación con el Dios de Israel y lo exhortó a no derramar sangre ni tomar venganza. Con humildad, se postró ante él y, mediante palabras sabias y pacificadoras, logró que cambiara su decisión apresurada (1 Samuel 25:23–26).

Abigail, al detectar el motivo del conflicto, le da un enfoque respetuoso y considerado: *"No hagas caso de Nabal, porque es un hombre perverso, y la necedad está con él"* (1 Samuel 25:25). No lo justifica, ni lo saca en limpio, tampoco lo defiende. De tal manera que esta mujer puso en práctica lo que nos enseña Proverbios 14:1: *"La mujer sabia edifica su casa; más la necia con sus manos la derriba"*.

En vez de eliminar lo poco que había quedado en pie, ella construyó un puente de paz mediante sabias palabras. Con su intervención moderada y prudente, no solamente salvó su vida, sino también la de su familia, y confirmó su papel como una mujer virtuosa y de un proceder ejemplar.

Así que, cuando atravieses momentos difíciles en la relación con tu cónyuge o en familia, medita y recuerda que uno de los secretos más influyentes está en callar o en decir las palabras adecuadas en ciertos momentos.

Eso repercutirá en expresiones acertadas y propicias para la reconciliación, pacificación, acuerdo y salvación. Eclesiastés 3:7 nos recuerda que hay *"tiempo de callar, y tiempo de hablar"*.

Discernir el momento adecuado para callar, y la forma correcta de hablar, es un indicador de madurez y dominio propio. Abigail logró discernir el momento justo y, a partir de ahí, pudo transformar una crisis amenazante en una oportunidad de acercamiento, salvación, crecimiento y honra.

También esta historia nos enseña que, en la actualidad y sociedad en la cual vivimos, enfrentamos amenazas, desintegración, divorcios, adicciones, desplazamientos y abusos físicos, psicológicos, laborales y sociales.

Por eso, se hace necesario actuar con diligencia, preparándose y actualizándose con los recursos físicos, documentos, pruebas, certificados, recomendaciones y evidencias necesarias que demandan las autoridades y leyes civiles para afrontar y solucionar los problemas que se presentan a nivel conyugal, familiar y social.

D) Cuando se actúa con sensatez preparas el camino para la honra (1 Samuel 25:32–42)

Cuando David escuchó las palabras de Abigail, inmediatamente reconoció que Dios era quien estaba interviniendo y actuando a través de ella. Seguidamente exclamó: *"Bendito sea Jehová... que te envió para que hoy me hallases"* (1 Samuel 25:32).

No solo la exaltó por sus palabras, sino también por su forma de proceder y por haberlo detenido de cometer una masacre familiar. Su coraje, diligencia y templanza no solo salvaron su vida y la de su familia, sino que también salvaguardaron el testimonio de quien vendría a ser uno de los más ilustres reyes de Israel.

Es importante observar que Abigail no buscó figurar ni mostrarse; ella actuó en pro de guardar su casa, su familia y evitar el derramamiento de sangre (1 Samuel 25:19; 25:36–37).

Esta intrépida mujer no se dejó perturbar por el entorno familiar en el cual vivía. No actuó con imprudencia, ligereza ni improvisación. Nunca fue a hacerle reclamos a su esposo Nabal, ni se dedicó a insultarlo, despreciarlo o acusarlo.

Ella no se igualó al comportamiento nocivo de su cónyuge o familiar. Tampoco se puso a llorar, a lamentarse o a hacerse la víctima. Su actitud fue reflexiva, firme y persuasiva. Ella comprendió que su templanza, moderación y sabiduría producirían resultados benéficos en el presente y hacia el futuro.

A los pocos días, Nabal murió sorpresivamente (1 Samuel 25:38), y, al enterarse, David envió a buscarla, no como invitada, criada o asistente, sino como esposa, expresándole su admiración y respeto, diciéndole: *"Bendito sea Jehová... que ha defendido mi causa, y ha librado a su sierva del mal"*. Es decir, Dios mismo se ocupó de reivindicarla y recompensó su integridad, coraje y lealtad.

Cuando se actúa y se permanece firme en los principios y valores bíblicos, aun en el silencio, el cielo responde con oportunidades y prodigios inesperados.

En la vida conyugal y cotidiana buscamos, tantas veces, el reconocimiento, la gratitud o el aplauso inmediato, las respuestas rápidas y las expresiones satisfactorias. Esta historia bíblica quiere enseñarnos que la sensatez deja huella y no necesita gritar, imponer ni manipular.

La manera en que enfrentas las crisis, las palabras que expresas, la actitud que mantienes, las reacciones moderadas y tu fidelidad a Dios abren puertas que ni el conflicto, ni la indiferencia, ni la injusticia pueden cerrar.

Quizás estás viviendo en una atmósfera nociva y tóxica, pero tú puedes salir como salió Abigail: sin autoritarismo, intimidación o imposición, sino conservando tu identidad, lealtad y sometimiento a Dios, teniendo en cuenta el principio de 1 Samuel 2:30 que dice: *"Dios honra a los que le honran, y los que le desprecian serán tenidos en poco"*; porque, aunque nadie te vea, Dios es omnipresente y omnisciente, y sabe recompensar a cada uno según haya sido su obra.

9.3. Aplicación actual: cuando te toca vivir con un "Nabal"

La narración de Nabal y Abigail no pertenece únicamente al pasado; es un espejo que refleja la realidad de muchas relaciones actuales, marcadas por desequilibrios emocionales, espirituales y morales. Su historia permite identificar dinámicas que, aunque antiguas, siguen manifestándose con fuerza en la vida contemporánea.

A partir de esto, surge una reflexión sobre las implicaciones de vivir en yugo desigual. Desde la necesidad de discernir antes de unir la vida a otra persona, hasta el desafío de sostener una relación en desacuerdo, esta realidad exige decisiones conscientes y comprensión de sus consecuencias.

En este sentido, a la luz de principios bíblicos y acompañados de consejos prácticos, se proponen pautas que permiten identificar señales de alerta y orientar la toma de decisiones sabias. Asimismo, ofrecen herramientas para sostenerse espiritualmente cuando se convive o se mantiene una relación con alguien cuyos valores y acciones no constituyen una base sólida para una relación sana.

A) Discernir antes de unirse emocional o maritalmente

Esta narración no pertenece solo al pasado; es una realidad vigente que invita a reflexionar con detenimiento. Antes de entregar tus sentimientos o asumir un compromiso de relación matrimonial, es necesario detenerse a observar, evaluar y conocer a fondo a la otra persona.

Así, una decisión sin discernimiento puede llevar a vínculos que, en lugar de edificar, terminan generando estancamiento, confusión y profundo desgaste emocional.

En este sentido, el apóstol Pablo advierte con claridad en 2 Corintios 6:14: *"No os unáis en yugo desigual con los incrédulos; porque ¿qué compañerismo tiene la justicia con la injusticia? ¿Y qué comunión la luz con las tinieblas?"*. Así, más que una prohibición, este principio revela la importancia de la compatibilidad espiritual y de valores como fundamento para una relación sólida y saludable.

Aunque el contexto inmediato del pasaje sea espiritual, el principio del versículo es aplicable a cada tipo de yugo. Unirse en una relación sentimental y afectiva con una persona que no se encuentra en el mismo sentir o dirección en cuanto a principios, valores morales, espirituales, o incluso en el nivel académico y económico, generará desacuerdos, pérdidas y separaciones irremediables.

B) Reconocer señales en relaciones actuales

Esto se evidencia cuando uno desea avanzar, servir a Dios, crecer y actuar con responsabilidad, mientras el otro no lo considera necesario. La falta de compromiso, la obstrucción del progreso y la indiferencia frente al bienestar y desarrollo individual y conyugal generan un desequilibrio que afecta la relación.

Por lo tanto, hay que discernir que un yugo desigual no siempre se presenta al comienzo de la relación. Muchas veces, se toma conciencia en el camino o con el tiempo, después de que ha pasado la conquista, la luna de miel y el enamoramiento.

Entonces, el individuo se muestra tal como es y expresa —o da a conocer— sus verdaderos deseos, propósitos y caminos opuestos. Y esto sucede cuando muchas veces ya hay un embarazo, un hogar o una familia compuesta.

Es allí cuando salen a la luz las diferencias, desacuerdos y contrastes; cuando ya no es un problema solo entre los cónyuges, sino que afecta también a los hijos, los sueños, la economía, la salud emocional y a la vida espiritual de todos los que viven bajo un mismo techo.

Es entonces cuando el desconcierto, la frustración, la incertidumbre y el dolor se hacen vigentes y reales para el cónyuge que ha sido engañado y confundido por sus sentimientos, al enredarse con una persona totalmente diferente en su modo de pensar y vivir.

Al leer la historia de Nabal y Abigail, es posible que te hayas visto reflejado o que hayas recordado situaciones presentes en tu relación matrimonial. Tal vez no estás con alguien como Nabal, pero sí con una persona cuya conducta, carácter o decisiones dificultan la convivencia, llevándote incluso a sentirte presionado a actuar en contra de tus principios.

C) Qué hacer si ya estás dentro de un yugo desigual

Lo primero que debes hacer es volverte a Dios, no esperando una salida fácil, sino buscando sabiduría, consolación, dirección y fortaleza. Habla con Él en oración, abre tu corazón con sinceridad y permítele gobernar tus pensamientos y deseos, descargando en su presencia toda carga, preocupación, dolor, resentimiento y duda.

A partir de ese encuentro, fortalece tu vida espiritual al leer, estudiar, meditar y memorizar la Palabra de Dios; cree y acepta sus promesas, pues a través de ellas recibirás luz, paz y dirección para cada decisión.

No enfrentes esa situación tú solo. Busca consejería con una persona madura, sabia y entrenada: un psicólogo experimentado o un pastor moral y espiritual que sea de testimonio, que conozca del tema no solo en teoría, sino que sea consciente y entendido de lo que es el yugo desigual y cómo es vivir en él.

Encuentra una persona que esté dispuesto a escucharte, acompañarte, corregirte y orientarte para afrontar el yugo desigual con dignidad y con destrezas sabias y firmes, sobre todo sin perder la fe, la identidad y la convicción espiritual.

Ten en cuenta que Abigail no cambió a Nabal, pero sí decidió correctamente su destino. Su determinación, prudencia, fe, humildad e integridad hicieron la diferencia.

Tú no estás solo. Si eliges buscar a Dios, Él sigue levantando hombres y mujeres que, como Abigail, se dejen guiar con sabiduría, discernimiento y sensatez en medio de la convivencia, la tormenta y el caos que provoca un yugo desigual.

Dios dice: *"al que a mí viene, no le echo fuera"* (Juan 6:37). Dios escucha, recibe, direcciona y puede cambiar y transformar lo que parece inalcanzable, acompañándote y proveyéndote la confianza, seguridad y esperanza para un presente y futuro prometedor.

Cuestionario: viviendo con sabiduría en medio del caos

Para este capítulo, recuerda que seguimos la misma dinámica hasta el momento. Usa la escala desde el 0 hasta el 5 —donde 0 significa que no se cumple en absoluto y 5 que se cumple totalmente— para asignar tu puntaje a cada uno de los siguientes aspectos de reflexión.

Aspecto de reflexión	Puntaje (0-5)
1. Reflexiono y oro con discernimiento antes de entregarme emocional o maritalmente.	
2. Comparto con mi pareja principios espirituales, valores y una visión de vida común.	
3. Identifico actitudes o patrones destructivos en la convivencia que necesitan ser corregidos.	
4. Tomo la iniciativa para proteger la paz y el bienestar del hogar.	
5. Me mantengo firme en mis principios, aun cuando el entorno emocional sea tóxico.	
6. Practico el dominio propio al callar o hablar en el momento adecuado.	
7. Actúo con diligencia y sabiduría cuando surgen crisis familiares.	
8. Busco ayuda espiritual o emocional cuando no sé qué hacer.	
9. Mantengo mi fe y esperanza activas, aun si no veo cambios inmediatos.	
10. Creo firmemente que Dios recompensa mi integridad y sensatez, aun en el silencio.	
TOTAL	

0–20 puntos — Relación profundamente desigual y desgastante.

Así como Abigail enfrentó un ambiente difícil, este puntaje muestra la necesidad urgente de buscar fortaleza en Dios y tomar decisiones firmes para proteger tu identidad, tu fe y tu bienestar emocional.

21–35 puntos — Conciencia del desbalance, pero necesidad de límites.

Aunque reconoces la desigualdad, aún debes establecer fronteras claras, fortalecer tu carácter y buscar apoyo espiritual y emocional; tu convicción puede marcar un antes y un después.

36–45 puntos — Sabiduría en medio de la dificultad.

Tu actitud refleja sensatez y responsabilidad espiritual, como la de Abigail en tiempos de tensión. Continúa cultivando tu fe, tu carácter y tu influencia positiva en el hogar.

46–50 puntos — Templanza y fidelidad que honran a Dios.

Tu vida muestra integridad aun en circunstancias adversas, sembrando honra donde otros solo ven conflicto. Así como a Abigail, Dios mismo recompensará tu corazón recto y tu obediencia.

CAPÍTULO 10

JOSÉ Y MARÍA: UN AMOR QUE SUPERA LO INESPERADO

Muchas veces Dios interviene en la vida del ser humano y, sin dar explicaciones, lo que para el hombre parece ser una ruptura de sus planes en realidad puede convertirse en el inicio de un propósito divino.

La historia bíblica sobre la vida de José y María nos enseña que ninguna persona o pareja está libre de pruebas en el camino de su relación, aun cuando existan sueños, planes, compromisos y metas claras. José y María fueron protagonistas de una historia única, donde sus sentimientos, valores, lealtad y compromisos fueron expuestos y probados. Como pareja, supieron demostrar amor, comunicación, confianza y respeto mutuo.

En medio de una cultura machista, desconsiderada y legalista, donde la mujer no era valorada ni tenida en cuenta como un ser humano, sino como un simple objeto, Dios provocó un giro contundente en la vida de esta pareja.

Así mismo, les cambió sus planes, su rumbo de vida y los colocó en una crisis relacional. También en la actualidad, las parejas están expuestas a giros, desafíos y cambios inesperados que no se han planeado, acordado ni imaginado. Surgen noticias que zarandean o sacuden, y que obligan a tomar decisiones apresuradas, las cuales exigen reflexión, fe y confianza, porque se desconoce qué pasará o qué determinará el futuro.

José y María eran una pareja comprometida por la ley judía. Vivían por separado, pero su unión era legal. Para comprender bien esta etapa, es importante conocer las tres fases del matrimonio en la cultura hebrea. La primera era el compromiso, en el que los padres acordaban el futuro de sus hijos, en ocasiones sin que los novios hicieran acto de presencia.

La segunda fase, la del desposorio, es donde ellos se encontraban. Este periodo legal duraba un año y solo se podía disolver mediante el divorcio. Aunque aún no convivían, eran considerados marido y mujer (Mateo 1:18–19).

Después de esto llegaba la ceremonia de matrimonio, momento a partir del cual podían empezar a vivir su vida juntos. De hecho, la ley ordenaba que el esposo dedicara el primer año a alegrar a su esposa (Deuteronomio 24:5).

Fue precisamente en ese tiempo, lleno de expectativas donde María recibió la gran noticia: a tráves de un ángel supo que, por la acción del Espíritu Santo, iba a concebir un hijo. La noticia de la encarnación provocó un giro inesperado y polémico en la relación de la pareja, que hasta entonces había sido comprensiva y ejemplar.

Todo esto derivó en una compleja y decisiva crisis relacional en la que ambos decidieron enfrentar la ley, la tradición, la cultura y la presión social.

La historia de esta pareja bíblica no es idealizada; es real, desafiante y profundamente reveladora. Amar, muchas veces, implica aprender a callar, esperar y confiar, aun sin comprender plenamente lo que sucede, ni el propósito de Dios que nos invita a participar en sus planes.

El amor, por tanto, no es un sentimiento puramente emocional: es una elección que se mantiene firme cuando todo parece tambalearse, apagarse o morir. Es un amor que expresa obediencia, confianza y valor frente a los cambios que surgen como oportunidades para probar y evidenciar el carácter, la convicción y el sometimiento al propósito de Dios.

Por ello, le animo a estudiar y meditar en los principios que nos enseña esta preciosa historia, donde podemos aprender cómo superar una crisis y construir una relación amena, comprensiva y saludable en medio de circunstancias adversas, amenazantes e inesperadas.

También podría examinarse y responder a la siguiente pregunta: ¿cómo reaccionaría si los planes de Dios interrumpen y desplazan sus planes personales o conyugales? José y María no planearon esta historia para su vida, sino que fueron intervenidos y atrapados para cumplir el propósito de Dios.

La fe, el ejemplo y la obediencia de esta pareja inspiran, motivan y desafían a entregar y confiar la relación conyugal y la vida en manos de Dios, incluso en momentos de incertidumbre, desafíos o sucesos desconocidos para el raciocinio humano, pero que son tiempos dirigidos, acompañados y protegidos por Él.

10.1. Cuando el amor es puesto a prueba por lo inesperado (Mateo 1:17-18; Lucas 1:26-34)

María es sorprendida por un mensajero celestial que le anuncia que será madre, siendo fecundada por obra del Espíritu Santo. No fue idea, plan ni tampoco una decisión que María se trazara: fue una intervención divina que recibió en su cotidianidad. Estaba comprometida con José y se aproximaban a celebrar su boda, para luego convivir como pareja, cuando sus planes y proyecciones fueron intervenidos, afectando también la relación.

La realidad es que, a veces, creemos tenerlo todo bajo control, pero de repente aparece un suceso que no hemos pedido, planeado ni siquiera imaginado, y para el cual no nos hemos preparado. Llega sorpresivamente a cambiar los planes, los proyectos personales o conyugales y el estilo de vida que se ha desarrollado.

Esta pareja estaba por celebrar sus nupcias matrimoniales cuando llegó un episodio desconocido que interrumpió sus expectativas: la noticia de un embarazo inesperado en el seno de estos futuros cónyuges, en una sociedad donde esa irregularidad podía significar la muerte. María lo aceptó con agrado, sin vacilación ni temor.

En la actualidad, muchas parejas experimentan cambios y sucesos inesperados que impactan en lo emocional, lo físico, lo social y lo fraternal, y donde la forma de decidir juega un papel predominante, según la madurez para aceptar los acontecimientos como parte de la vida y no como una desventura o un mal presagio.

Esta narración manifiesta la devoción, madurez y disposición espiritual que tenía María. No era una joven desorientada o inexperta, sino una mujer que, a pesar de su juventud, mostró prudencia, moderación, sensibilidad y fidelidad. Era descendiente de David y fue elegida por Dios para el cumplimiento de la promesa mesiánica; esta elección se generó conforme a la voluntad y al dictamen divino.

De igual manera, la convivencia en relaciones saludables demanda cierto grado de madurez para vivir lo inesperado sin discutir, y para admitir las intervenciones sobrenaturales con convicción y fe.

José y María experimentaron una crisis que ninguno de ellos había deseado, donde tenían solo dos caminos: cuestionar y discutir, o aceptar y cooperar con ese designio eterno, confiando en que Dios era el protagonista de dicha crisis.

Es entonces cuando, como pareja, experimentan mucho más que el amor romántico y descubren el significado del amor incondicional, basado en comprensión y respeto.

Porque cuando una pareja decide caminar junta a pesar de los inconvenientes o incertidumbres, va construyendo una relación más confiable, íntima, resistente y alineada con las demandas inesperadas que exige la vida cotidiana, muchas veces llegando a trascender sus propios planes.

10.2. El coraje de hablar con la verdad (Lucas 1:34–38; Mateo 1:18)

María se enfrenta a algo tan humano, pero ilógicamente inexplicable, como es un embarazo que no procede de naturaleza humana. Sin embargo, decide comunicarle la verdad a José con sinceridad y anticipación.

En lugar de omitir, callar, huir o escapar, no vacila ni espera a que su embarazo se descubra, sino que le abre su corazón a su prometido relatándole la experiencia celestial que trae consigo un embarazo anunciado.

María no maquilla, manipula ni adorna el mensaje que le da a José en un periodo en el que su vida dependía de la reacción de él. Opta por decir la verdad sin tomar en cuenta los riesgos, consecuencias y reacciones que podía tener su prometido: que no le creyera que había sido fecundada por el Espíritu Santo — pues nunca había ocurrido algo semejante en la historia de Israel—; que la abandonara, acabando la relación y dejándola sola en un acontecimiento que no dependía de ella; que hablara mal de ella, desacreditándola, difamándola y exponiéndola al escarnio público; o que la denunciara y divulgara su embarazo, exponiéndola a morir apedreada.

Hablar con sinceridad y verdad puede causar pánico, temor, vergüenza, rechazo, decepción, dolor, frustración, sentimientos encontrados, reacciones y decisiones inesperadas. Sin embargo, es un principio que al final trae libertad, paz, autenticidad, autoridad y armonía consigo mismo, con Dios y con quienes le rodean.

Esto es lo que Dios manda en su Palabra: *"No engañar ni mentirse el uno al otro"* (Levítico 19:11). *"Por lo cual, desechad la mentira, hablad verdad cada uno con su prójimo, porque somos miembros los unos de los otros"* (Efesios 4:25). La verdad es un valor vinculado a la honestidad que implica la actitud de mantener siempre la veracidad, desarrollada en hechos y palabras emitidas hacia nuestros semejantes.

Uno de los principios más claves de una buena relación es que la verdad da sentido y respeto a los demás, y va asociada con la sinceridad, que no es otra cosa que decir y actuar con la verdad.

Para María no era una noticia cómoda ni fácil de comunicar. José podía cuestionarla, reprocharle y no creerle; ciertamente, no había existido en Israel un suceso semejante. Pero ella resolvió exponerse y hablar abiertamente, porque era su estilo de vida no ocultar, aparentar ni mentir.

Ese hecho manifiesta la madurez emocional de María para aceptar los designios divinos y mostrar el lugar que Dios ocupaba en su vida. Esta joven no manipula, exagera, adorna ni intenta convencer a José; relata el acontecimiento de manera sencilla y normal. En una relación saludable, este es uno de los pilares que no se deben pasar por alto: la verdad comunicada a tiempo trae libertad, descanso y resulta benéfica para las relaciones familiares, aunque en el momento asuste, duela o incomode.

¿Cuántas personas o cónyuges han sido heridos, traumatizados o fragmentados por la mentira, la apariencia o el silencio? ¿Cuántas crisis personales y familiares se han vuelto desagradables por no informar o dar a conocer en el tiempo adecuado el secreto, error o fracaso que debía ser comunicado?

La historia de María nos enseña que una relación conyugal y familiar no se desarrolla plenamente ni puede crecer bajo la sombra de la negligencia, la omisión o la apariencia. Al hablar la verdad, es posible enfrentar conflictos e inconvenientes, pero a mediano y largo plazo se edifican cimientos saludables y firmes.

Ser sincero, honesto y abierto puede causar incomodidad, malestar, malentendidos y sentimientos encontrados, pero al final se apreciará la confianza, integración y amistad que produjo esa acción y decisión determinada y valiente.

La narración de María nos muestra que la confianza no se exige, sino que se construye a partir de la comunicación honesta y sincera, aunque provoque amenazas, desafíos y cuestionamientos. Aunque José en ese momento no entendió ni comprendió el mensaje en su totalidad, fue testigo de la actitud madura, sincera y valiente de María.

10.3. Cuando la relación es puesta a prueba (Mateo 1:19–20, 24 – 25)

¿Cómo afronta y reacciona José a esta verdad y realidad inesperada al enterarse de que María, su prometida, está embarazada? Actuó con prudencia, moderación, sensatez y respeto; aunque en el momento no llega a entender el cómo ni el porqué, solo puede afirmar que ella le ha hablado con sinceridad.

El texto bíblico relata que era un hombre justo y no quería deshonrarla públicamente. Aunque el dolor, el silencio y la complejidad están a flor de piel, no reacciona de forma rápida. No habla de ella apresuradamente; no la agrede, censura, acusa ni murmura de ella; tampoco la irrespeta o avergüenza públicamente con expresiones o manifestaciones verbales.

José optó por la posibilidad de hacer el ridículo y asumir las malas interpretaciones al no denunciarla ni divulgarla, aunque podía haberlo hecho según la ley (Deuteronomio 22:20-21).

José, en el momento, pensó en evadir el compromiso público, quedar ante la familia como un cobarde e irresponsable y divorciarse de ella secretamente, anular el matrimonio. Hacerlo sin ruido ni altivez, sin rencor o confrontación, y huir, desplazándose donde nadie le conociera, y así salvar a María de la desgracia y posiblemente de la muerte (Deuteronomio 22:23-24).

Es una decisión que asume en medio del dolor; piensa en dejarla, pero decide hacerlo en secreto, sin perjudicarla ni agraviarla y sin ninguna actitud de venganza. En un momento como este, tan difícil para José, deja ver el carácter en la forma de actuar al recibir una noticia inesperada, desconocida y contraria a todos los propósitos, planes y expectativas que se habían establecido como pareja (Deuteronomio 24:1).

El verdadero amor no está exento de contratiempos, dificultades y sucesos inesperados. José estaba comprometido, esperanzado y expectante; cuando todo se interrumpe, lo que Él hace es meditar de forma profunda y reflexiva. No se desespera, argumenta ni exige explicación inmediata; tampoco cuestiona.

Esa quietud lo capacita para pensar en el bienestar de María, a pesar de sentirse dolido. En las relaciones actuales, esa forma de reaccionar es más bien escasa, pero es la más conveniente y saludable para enfrentar cualquier clase de inconveniente. ¿Cuántos conflictos se agrandan por falta de recapacitar en silencio, reflexionar y luego actuar con respeto y moderación, aunque se esté pasando por un tiempo de incertidumbre y angustia?

La vida en pareja a veces le lleva a renunciar a sucesos que le proporcionan seguridad personal: un proyecto, un lugar cómodo, un empleo, unas vacaciones. José pensó en dejar a María, pero no quería hacerlo de forma que le causara dolor.

¿Cuántas veces, al producirse una decepción, lo más fácil y viable es huir sin dar explicaciones? José no es la excepción; él también pensó en escaparse. Pero no lo hizo sin recapacitar.

Cuando se ama con sinceridad, no se actúa con necedad ni ligereza, ni se responde con apresuramiento. Por el contrario, se elige permanecer, aun cuando las expectativas no se cumplan de inmediato, procurando resolver el conflicto y honrar los compromisos asumidos.

Este relato verídico de José debe motivar y fortalecer a las generaciones presentes en la actualidad, para que se detengan reflexivamente antes de acabar o terminar la relación por aquello que desconocen y no entienden en el momento.

El actuar con prudencia, moderación, respeto y consideración es fundamental y puede sostener una relación en momentos en que las emociones están excedidas o alteradas.

El amor es más que romanticismo e idealismo, y José lo manifestó sabiamente al no exponer ni anular la relación sin antes recapacitar profundamente y consultar el consejo y la dirección de Dios.

10.4. Amar también es escuchar (Mateo 1:20–21)

Cuando José está decidido a irse y terminar el compromiso con María, Dios aparece en el escenario, le habla en sueños y le comunica que el embarazo de María hace parte de un propósito divino. Además, le da una instrucción precisa: *"No temas recibir a María"*. Él lo escucha antes de realizar el viaje, y en ese encuentro espiritual permite la intervención de Dios en el conflicto que está viviendo. Esta manifestación cambia radicalmente el rumbo de su vida, de María y, por ende, el de su familia.

Algo digno de resaltar es que José, a pesar de la confusión, no se cierra. Aunque está desconcertado y se siente herido, en el fondo sigue dispuesto a recibir y escuchar orientación. ¿Cuántas veces, al experimentar un conflicto amoroso, cerramos el corazón y no prestamos atención a la voz que busca orientarnos, incluso a la misma voz de Dios?

El resentimiento, el orgullo, el egoísmo o la herida hacen que se actúe apresuradamente, cuando muchas veces lo que se necesita es hacer un alto y detenerse.

Amar es abrir el corazón hacia percepciones y decisiones que van más allá del intelecto y de las emociones. Amar significa orar juntos, buscar el consejo de personas maduras y sabias, y también esperar respuesta antes de tomar decisiones definitivas.

José muestra con evidencias que la fe no significa religiosidad, pasividad ni fanatismo, sino que incorpora devoción, sensibilidad espiritual y equilibrio. No se aferra a su propia interpretación de los hechos, sino que se dispone a escuchar y hacer cambios que beneficien a sus allegados y manifiesten los propósitos de Dios.

Cada persona, relación conyugal o familiar necesita instruirse para escuchar, ya que aprender a escuchar es todo un proceso que demanda atención, humildad y comprensión. Si no se dispone a escuchar, tampoco logrará comprender lo que el otro quiere decir, mucho menos logrará oír a Dios, que no ejerce presión sobre las cosas.

Detenerse para atender y escuchar la voz de Dios determinará la forma en que se afrontan sus propósitos, porque al abrirle espacio a Dios se permite su intervención, instrucción y protección en sucesos que están fuera de nuestros alcances.

El amor no se manifiesta solo en saber o en sentir, sino también en comprender y considerar. Es aprender a detenerse en medio de la tempestad y preguntarse: "¿Qué querrá Dios que hagamos ahora?". El héroe de la historia llegó a adquirir claridad no porque reclamase ver las respuestas, sino porque eligió escuchar.

El optar por el silencio y decidirse a orar, contemplando un proceso de reflexión, puede preservar las relaciones interpersonales que, de otra forma, acabarían en enemistad o rompimiento por resentimiento, orgullo, egoísmo, inmadurez o desesperación.

En un mundo acelerado que propone ir deprisa, la historia de José nos enseña que amar con madurez también consiste en detenerse para poder oír la voz correcta.

10.5. Obedecer sin entenderlo todo (Mateo 1:24–25; 2:13–14, 19–21)

José, porque oyó a Dios, no solo cree, sino que obedece. No deja a un lado el compromiso matrimonial del que era parte y acepta a María como esposa. Asume el papel de esposo y de padre de Jesús, protegiendo esa relación matrimonial y a su familia. No exige explicaciones ni impone condiciones; actúa con firmeza y en silencio. Se comporta como un hombre de intimidad, aun cuando el mundo —y en especial el de las relaciones de pareja— es un ámbito donde casi todo es examinado, cuestionado y algunas veces hasta distorsionado.

José nos enseña que hay decisiones que no necesitan ser argumentadas, sino obedecidas. Su prioridad no es lo que la gente piense, opine o crea; su norte es inalterable: la obediencia a lo que Dios ha mandado.

La relación de pareja en la que uno obedece la decisión del otro es una expresión decidida de amor, comprensión, confianza, bondad y entrega.

Nunca se sabrá con certeza lo que traerá el mañana, pero si ambos caminan juntos en la voluntad de Dios, pueden estar seguros de que el avance, el crecimiento y el progreso serán igualmente seguros. Hay un costo: el costo de renunciar, de dejar los derechos, los planes, las posturas y las comodidades.

Callar en el momento de defenderse o justificarse, muchas veces implica pasar por la humillación y la rebaja personal. Sin embargo, aun así, permanece la oportunidad de volver a empezar.

José sacrificó su voluntad, sujetándola a la de Dios. No disfrutó lo que es la luna de miel; fue privado del deleite emocional y corporal de su mujer, respetando su estado o ciclo de embarazo. No experimentó la relación sexual por mucho tiempo, aun estando casado, viviendo solo como amigos, aunque ya eran cónyuges, para salvaguardar la vida de María, su mujer (Mateo 1:18).

En muchas ocasiones, Dios quiere bendecir especialmente la relación conyugal, pero antes de la bendición debe haber sacrificios. Uno de los dos, o ambos, deben ceder sueños e intereses particulares para volverlos familiares.

Sacrificar sueños no es fácil, pero cuando se está bajo la cobertura de Dios hay que hacerlo. Esto trae bendición para la persona y para la pareja, y en muchas ocasiones las bendiciones van más allá del entorno familiar, alcanzando a las nuevas generaciones.

Es entonces cuando solo se debe creer y confiar en que Dios está probando y direccionando. La obediencia sustenta, sostiene, preserva y fortalece la relación conyugal, además de proteger a la familia.

Cuestionario: construyendo confianza en medio de lo inesperado

Seguimos con la misma escala desde el 0 hasta el 5. Por favor, asigna tu puntaje a los aspectos de reflexión.

Aspecto de reflexión	Puntaje (0-5)
1. Reflexionamos cuando los cambios inesperados interrumpen nuestros planes.	
2. Hablamos con sinceridad y transparencia, aun cuando la verdad pueda incomodarnos.	
3. Reaccionamos con prudencia, respeto y moderación ante conflictos o noticias difíciles.	
4. Nos detenernos, oramos y escuchamos a Dios antes de tomar decisiones importantes.	
5. Obedecemos a Dios, aunque no comprendamos completamente lo que Él pide.	
6. Estamos dispuestos a sacrificar comodidad para proteger y fortalecer nuestra relación familiar o conyugal.	
7. Valoramos el silencio prudente y la reflexión antes de actuar en momentos de crisis.	
8. Confiamos en que la obediencia a Dios traerá crecimiento y bendición a nuestra vida y familia.	
9. Cultivamos una comunicación honesta y respetuosa que fortalece la confianza en nuestro hogar.	
10. Creemos que las pruebas y sacrificios pueden convertirse en oportunidades de madurez	
TOTAL	

0–20 puntos — Serias dificultades en la relación.

Este puntaje revela fallas profundas en comunicación, confianza u obediencia a Dios. Es urgente buscar dirección espiritual y reconstruir bases firmes de fe y respeto mutuo.

21–35 puntos — Crecimiento necesario en áreas clave.

Reconoces la importancia de la fe, la prudencia y la verdad, pero aún debes fortalecer la escucha, el sacrificio y la unidad para avanzar con madurez.

36–45 puntos — Relación en fortalecimiento.

La práctica constante de la comunicación, la obediencia y la confianza en Dios está dando fruto. Están aprendiendo a reaccionar con sabiduría cuando la vida trae cambios inesperados.

46–50 puntos — Relación madura que inspira.

Al igual que José y María, su vínculo refleja fe, obediencia y amor estable. Están caminando en una dirección que inspira estabilidad, confianza y bendición para quienes los rodean.

CAPÍTULO 11

ZACARÍAS Y ELISABET: FIDELIDAD EN MEDIO DEL SILENCIO Y EL DOLOR

No toda persona o pareja fiel a Dios vive una vida sin dificultades, percances o con todas sus necesidades satisfechas. A veces, quienes son más dedicados, comprometidos y entregados son los que padecen o tienen alguna deficiencia predominante.

Zacarías y Elizabet son una pareja temerosa de Dios; su obediencia es sincera y de corazón. Por ello fueron llamados justos, porque demostraron una conducta irreprensible, mostrando un testimonio ejemplar como cumplidores de los deberes sociales y espirituales.

Esta pareja vivía con un anhelo frustrado y silencioso en su relación conyugal, pues no lograban tener hijos. En una época cuando la esterilidad era una de las afrentas sociales más censurables y despreciables, lo más insólito es que se evidenciara en una pareja que llevaba una vida íntegra y dedicada a Dios.

De ahí que esta historia nos enseñe que hay parejas que se llevan muy bien, pero eso no las hace inmunes a vivir largos periodos de aflicción, sufrimiento o desconsuelo en sus

176

proyecciones. Existen conflictos, batallas y acontecimientos íntimos que se desconocen y se combaten a puerta cerrada, como también hay peticiones o ruegos que se hacen como pareja, pero cuya respuesta no llega o tarda años en recibirse.

En la cotidianidad, Zacarías y Elizabet no permiten que el sueño frustrado de tener un hijo los estanque; en vez de rendirse a la frustración o al sinsabor, deciden seguir sirviendo como pareja al pueblo de Dios. Su relación y comunión con Dios se conservaron estables y su relación conyugal se mantuvo en medio de los interrogantes, el silencio y la respuesta tardía.

De igual manera, la historia de esta pareja nos muestra que, aunque existan tiempos difíciles —tiempos de espera, de pérdidas, de diagnósticos negativos, de separaciones repentinas o de preguntas sin respuesta— también es posible caminar juntos, paso a paso, aun cuando las puertas se cierran, los cielos guardan silencio y Dios no responde en el momento en que pensamos que debería hacerlo. Lo más importante es recordar que Dios no olvida el asunto o persona a quien está tratando.

Para la pareja, el cielo que permanece callado no significa que Dios los haya olvidado ni que se haya desentendido, sino que está preparando un tiempo y un espacio que no solo responderán al clamor de sus corazones, sino que tocarán profundamente la historia de sus vidas.

En este sentido, este capítulo nos muestra cómo Dios entra en la vida de la pareja cuando ninguno de los dos lo espera, y cómo responde a su tiempo, no al de ellos. Aquel desconsuelo que parecía eterno es repentinamente transformado en un milagro sorprendente.

No existen los imposibles para Dios, incluso cuando crees que todo ha terminado o te has habituado a mirar solo lo visible. El cielo no ha olvidado nada; simplemente espera la hora exacta para sorprender a quienes perseveran, meditan y confían en las promesas de Dios.

Esto da a entender que la aflicción, el dolor, el sufrimiento y la tribulación son temporales, y que constituyen un componente inevitable, común y natural para los seres humanos en este mundo afectado por una atmósfera espiritual maligna.

El hombre, siendo afectado por el pecado, toma decisiones equivocadas, y por otra parte los desastres naturales, provocados por la naturaleza contaminada por el actuar humano o permitidos por la soberanía divina, también forman parte de esta realidad. Debemos tener en cuenta que vivimos en un mundo caído, donde el buen comportamiento no siempre es recompensado ni las malas acciones son siempre castigadas.

11.1. Una pareja que camina en integridad (Lucas 1:5–6)

Zacarías y Elizabet eran una pareja íntegra en su forma de actuar. Su proceder en la vida privada o pública era el mismo que entre ellos como pareja en casa, en el servicio sacerdotal que ejercía y ante los demás; ese era su estilo de vida en la cotidianidad. No disfrutaban normalmente de lo que otras parejas sí disfrutaban, pero eso no les era un impedimento para manifestar de manera sencilla la fe de forma coherente.

Esa fe sencilla en Dios vigorizaba su vida como cónyuges, para ejercer el sacerdocio y para confiar y esperar en silencio el tiempo oportuno en que Dios los sorprendería.

Asimismo, Zacarías, como sacerdote, atendía sus labores y responsabilidades espirituales, aunque en su corazón persistiera ese anhelo frustrado de ser padre. Del mismo modo, Elizabet se mantenía confiada y ejercía su fe sin que ese vacío o congoja perturbara su devoción espiritual.

Así permanecieron unidos, sin aislarse el uno del otro, sin dar lugar al cuestionamiento y a la desaprobación social, la cual era una afrenta escarnecedora que debían enfrentar e ignorar día tras día. Como pareja afrontaron esa tormenta emocional, social y cultural; y aunque todo no estuviera resuelto, decidieron en medio de la incertidumbre acompañarse con fidelidad, entrega y respeto como cónyuges, perseverando en la unión y en el ministerio que les había sido delegado.

De la misma manera, en la realidad muchas parejas se estancan, se desintegran o se derrumban cuando sus planes, aspiraciones y proyecciones no son satisfechas y, al encontrarse con dificultades o contratiempos inesperados, se frustran, se desmotivan y desfallecen por el agotamiento y la falta de comunicación y comprensión, que además se convierten en piedras en el camino.

Esta pareja de antaño nos propone en su historia un caminar seguro y conveniente, basado en la fe, la paciencia, la entrega incondicional y el respeto mutuo. Esta forma de vivir, si bien se ve sencilla, con el tiempo se constituye en un testimonio desafiante, motivador y ejemplar para las nuevas generaciones.

11.2. Una frustración que cargaron juntos en silencio (Lucas 1:7)

Ahora bien, Zacarías y Elizabet aprendieron a vivir la vida y a deleitarse con la vida de Dios, a pesar de vivir con frustración y nostalgia sin solución. La imposibilidad de la procreación, la soledad y el sufrimiento marcaban una etapa que no llegaba a buen puerto. Los años pasaban y cada vez veían su vejez más acentuada y esa esperanza iba decayendo con el paso del tiempo.

La esterilidad era en su tiempo una maldición y deshonra muy difícil de eliminar, dado que se pensaba que su causa era enteramente debida a un defecto de la pareja o a que no eran dignos de la bendición de Dios. Lo sabían, pero les resultaba imposible quitarse ese peso de encima o desmantelar el gravamen que les oprimía y que les impedía vivir la cotidianidad.

En la cultura hebrea los hijos eran herencia de Jehová y símbolo de prosperidad. Eso determinaba su existencia, pues en aquella época los hijos cuidaban y alimentaban a sus padres mayores y contribuían a su bienestar material cuando ya no eran capaces de trabajar, de hecho, se convertían en parte de su seguridad familiar, social y económica; su existencia sin esas seguridades era un desenlace amenazador y aterrador.

Pero Zacarías y Elizabet aprendieron a resistir juntos, sin dejarse arrastrar por la vergüenza y el sufrimiento; resistían al movimiento de la discriminación social que irrumpía en la ley hebrea.

Por otro lado, dentro de toda relación de pareja y familia existen o han existido hechos difíciles y dolorosos, que muchas de las veces no son visibles, que son cosas que han pasado (y que han hecho daño): pérdidas inesperadas de familiares o amigos, infidelidades en la pareja, embarazos no deseados, diagnósticos negativos de salud, expectativas laborales no cumplidas, decepciones académicas y laborales, o negocios y emprendimientos fallidos.

Son hechos que generalmente no se cuentan o que no verbalizamos, pero que están allí almacenados y que duelen, que ponen a prueba la misma unidad, los sentimientos, las proyecciones, la relación de pareja conyugal.

Entre otras cosas, la relación de pareja no es una credencial de eventos fortuitos, ni de distracciones externas, tampoco del éxito económico, académico, deportivo o laboral. Mas bien es resguardada por los valores como es la entrega personal, el compromiso conyugal individual, la lealtad, reciprocidad, aceptación y tolerancia.

Zacarías y Elizabet no eran una pareja común, ni eran una pareja normal, coexistían como una pareja extraordinaria que aprendieron a soportar la frustración, con sacrificio, sin quejas, sin excusas, sirviendo y modelando en una generación que prefería el aplauso, las palabras externas y lo socialmente bien visto.

Esta historia nos dice que el amor a Dios y a la pareja no tiene que ver con palabras, acciones o realización de acciones públicas, sino que tiene que ver con la entrega, la mansedumbre, la persistencia y el sacrificio que se hace presente en tiempo de escasez, de enfermedad, de soledad y de sufrimiento.

Esta pareja nos muestra que, a pesar de sus frustraciones, agradaron a Dios y le fueron útiles a la sociedad de su tiempo, dejando una huella ejemplar en sus generaciones de servicio, dedicación y fidelidad a Dios.

11.3. Una respuesta inesperada cuando ya parecía tarde (Lucas 1:8–13, 18–22; Hechos 10:3–4, 31)

Zacarías, el sacerdote que, en su tiempo de servicio en el templo, tenía el privilegio de presentar la ofrenda del incienso en las horas de la intercesión por el pueblo, se sorprendió cuando, durante su turno, el ángel del Señor apareció junto al altar y le comunicó un hecho extraordinario que iba a suceder en el entorno de su matrimonio.

La comunicación del ángel fue clara: *"Tu oración ha sido oída, tu esposa Elizabet te dará a luz un hijo, y le pondrás por nombre Juan"* (Lucas 1:13, NVI). Esa oración, que había sido hecha en el pasado y quizás ya había sido olvidada por Zacarías y por Elizabet, estaba siendo atendida por Dios en el momento exacto que Él había determinado, no cuando la pareja lo pidió con mayor vehemencia, fervor, seguridad y fe, sino cuando ya habían desistido, resignado y acostumbrado a vivir con la ausencia de aquel hijo tan anhelado.

Así, algo semejante sucede en la vida de pareja hoy en día. Hay esperanzas y anhelos que se levantan con sinceridad, con fe, convicción, intensidad y la confianza de ser atendidas. Pero pasan las horas, el tiempo, los días y se vuelven años y ya no hay expectativas que esa petición va a recibir respuesta.

A ese punto, la fe se va debilitando, el conformismo y la costumbre se acentúan; y así tenemos acontecimientos como: el embarazo que no llega, el hijo que no cambia, el proyecto que no termina de ir bien y el negocio que no levanta cabeza, o la restauración que parece no llegar.

Lo mismo sucede en nuestra relación matrimonial: es verdad que el clamor a veces no parece llegar al cielo, pero toda oración sincera, que nace del deseo y la súplica no queda suspendida en el aire y sin respuesta.

Tal vez no suceda como se había querido, pero Dios siempre responde, a su tiempo y conforme a su propósito para cada persona o cada pareja que se acerca a Él y se fía de que, como Padre celestial, sabe lo que es mejor para sus hijos e hijas.

Zacarías, por su parte, no recibe el mensaje del ángel con la certeza de la fe, sino con la mirada que proporciona la experiencia humana. Él no recibió esa buena noticia con fe y regocijo, fue invadido por la duda y el temor: *"¿Cómo podré saber esto? Porque yo soy viejo, y mi mujer ya es de edad avanzada"* (Lucas 1:18).

Esta duda es más que legítima, quizás cuando se ha esperado tanto tiempo la mente no logra procesar el impacto de la buena nueva, el corazón se acostumbra a la decepción, a la frustración.

Habitualmente, muchas personas y parejas atraviesan este proceso: tras muchos fracasos en sus expectativas de amor, tras muchos intentos les resulta demasiado agotador dar paso a la esperanza.

El tiempo es capaz de crear incredulidad en la persona más espiritual. Ante eso, el ángel Gabriel fue contundente: *"y he aquí que quedarás mudo… por cuanto no creíste mis palabras"* (Lucas 1:20). No fue un mero reproche; era un "hasta aquí", un giro del mismo proceso. Es ese periodo de silencio en el que Zacarías se halló en reflexión, y estuvo en condiciones de cambiar su falta de fe por madurez.

Para muchas relaciones, el silencio se convierte en un buen tiempo de evaluación, meditación, trasformación y proyección. No es ese silencio que oculta, que disimula, sino un silencio que permite volver a escuchar a Dios, restaurar la esperanza y también reconstruir aun cuando ha pasado el tiempo y no sea en el mismo lugar.

Una pareja llega en muchas ocasiones a ese punto donde tiene que dar un paso más, y el milagro se da cuando ya se ha aprendido a vivir sin ese aspecto, cuando ya no se espera. Y esto no es un signo de una falta total de fe, sino que es algo que pertenece a la condición humana.

Hacemos lo que podemos y hasta donde alcanzamos, pero hay que aprender a ser conscientes de que Dios llega ahí donde nosotros estamos, aun cuando haya cansancio y confusión.

Dios no deja fuera de sí a nadie, Dios no desatiende o no ignora a quienes oran, Dios le toma de la mano y le va trasladando hasta el tiempo determinado por El a recibir la promesa de la cual le ha hablado.

El silencio no nos debe impedir avanzar. Y aunque el silencio nos limita a hablar, no elimina el deseo o la necesidad de querer ser consolados. También puede suceder que las promesas que alguna vez esperamos con el tiempo se olviden y el anhelo fallezca, sin embargo, la narración bíblica nos enseña que Dios no necesita grandes celebraciones para manifestarse, Dios solo necesita corazones sinceros y dispuestos, aunque esos corazones estén cansados, cargados o sin fuerzas para seguir hasta el final.

Quizás la fe que alguna vez experimentaron no la exterioricen ahora, pero cuando ambos deciden mantener el compromiso y la responsabilidad recíproca, la esperanza renace, es cuando el milagro que parecía olvidado reaparece y la vida se reconcilia con lo que creíamos perdido, y al final tenemos ese milagro de parte del Señor.

11.4. Cuando el tiempo de Dios finalmente llega (Lucas 1:24–25)

Así, después de la larga espera anteriormente narrada, llegó el momento en que Dios decidió intervenir de manera definitiva. Elizabet al fin quedó encinta. Aquel anhelo tan deseado, que por tantos años fue motivo de lágrimas, cuestionamientos externos, opiniones desacertadas y silencios dolorosos, fue concedido en una realidad inesperada.

Ya se había ido la juventud y no estaban como pareja en el mejor momento desde el punto de vista humano. Sin embargo, ocurrió lo sorprendente y maravilloso: después de tanto tiempo, cuando ya no lo esperaban ni siquiera hablaban de ese sueño que había sido tan anhelado.

En ese instante Dios se manifestó, sorprendiéndolos como suele hacerlo en la mayoría de las veces, actuando en los diferentes sucesos de cada persona o pareja y siempre en su tiempo, conforme a su voluntad.

Ante esta declaración, Elizabet decidió callar. No corrió inmediatamente a publicar o anunciar su embarazo tardío, sino que se retiró un tiempo. No fue para ocultarse ni esconderse, sino para meditar, regocijarse, dar gracias, contemplar la soberanía de Dios y recordar esos momentos en los que sintió que Él se había olvidado de ella, hasta que en un instante todo cambió.

También fue un tiempo para ser consciente del milagro y de la responsabilidad que le esperaba. La frustración y el vacío que la acompañaron por tantos años habían terminado. No solo recibió un hijo, sino también la devolución de su dignidad, la liberación de su carga, la restauración de su corazón y el renuevo de su autoestima. Era como si hubiese comenzado a escribir su propia historia a partir de una hoja en blanco.

De la misma manera, en la vida matrimonial existen etapas difíciles que se tornan largas, molestas e injustas. Son épocas en las que la motivación se debilita, la confianza desaparece y las expectativas se desvanecen. Cuando la rutina extingue el amor y en el poco esfuerzo que queda, surgen interminables interrogantes y preguntas sin respuestas, pues ya se ha pensado, hablado y hecho todo lo posible sin ver ningún resultado satisfactorio.

En esos tiempos se aprende a caminar en silencio. No se reniega ni se protesta por los contratiempos negativos, ni se exigen requerimientos innecesarios. Más bien, se produce un encuentro consigo mismo y se toma conciencia de la necesidad de unirse como pareja y caminar tomados de la mano, dependiendo únicamente de la ayuda, la dirección y la protección de Dios.

Es entonces cuando se aprecia la intervención divina, respondiendo a la oración hecha en el pasado y resarciendo el dolor y el sufrimiento. En este caso, la imagen y estima de Elizabet fueron restauradas, dejando de ser una mujer estéril, y las dudas de Zacarías fueron acalladas.

En la relación y convivencia de pareja acontecen procesos como estos: momentos que marcan, pero que también forman, preparando el carácter y el tiempo para la manifestación y revelación de Dios.

Dichos procesos se evidencian en el momento oportuno, cuando no solo cambian las condiciones externas, sino también a las personas que han aprendido a ser fieles en medio de los procesos y las dificultades.

Por eso, el milagro no fue únicamente que tuvieron un hijo, sino que también fue restaurada su confianza, su amor y su comprensión como pareja.

En conclusión, esta historia nos enseña que no existe mayor testimonio que el de una pareja que supo permanecer unida y en silencio frente a sus interrogantes personales, sus frustraciones y la discriminación social.

Zacarías y Elizabet se mantuvieron en la brecha con obediencia, fidelidad y entrega, y terminaron con una celebración de las promesas cumplidas.

Cuestionario: fidelidad, paciencia y esperanza en la relación

Para este capítulo, recuerda que seguimos la misma dinámica de los cuestionarios anteriores: escala del 0 al 5, para asignar tu puntaje a cada uno de los siguientes aspectos.

Aspecto de reflexión	Puntaje (0-5)
1. Mantenemos fidelidad e integridad aun en tiempos de silencio o frustración.	
2. Aprendemos a caminar en paciencia cuando nuestras oraciones parecen no tener respuesta.	
3. Sostenemos nuestra fe y responsabilidades aun ante decepciones.	
4. Evitamos que la presión social defina el valor de nuestra relación o fe.	
5. Nos acompañamos en pérdidas, diagnósticos y dificultades.	
6. Cultivamos perseverancia y respeto mutuo en medio de circunstancias adversas.	
7. Valoramos el silencio reflexivo para sanar y escuchar a Dios.	
8. Confiamos en que Dios responde en su tiempo perfecto.	
9. Aceptamos correcciones de Dios que fortalecen nuestra fe y relación.	
10. Vemos los tiempos de espera como formación y madurez para nuestra unión.	
TOTAL	

0–20 puntos — Serias dificultades en perseverancia y comunicación.

Este puntaje señala quiebres importantes en la fe, la constancia o la confianza mutua. Es urgente buscar dirección espiritual y trabajar en restaurar la comunicación y el apoyo entre ustedes.

21–35 puntos — Necesidad de crecer en paciencia y esperanza.

Reconoces el valor de la fe y la fidelidad, pero enfrentan debilidades en la resistencia frente a las pruebas. Este es un buen momento para fortalecer la paciencia y renovar la esperanza conjunta.

36–45 puntos — Relación en fortalecimiento.

Están creciendo en perseverancia, respeto y fe compartida. Aprenden a enfrentar las pruebas como un equipo, confiando en que Dios sostiene su proceso y los guía en cada etapa.

46–50 puntos — Fidelidad madura que inspira.

Su relación refleja constancia, fe y perseverancia en medio de la espera. Caminar en esta dirección trae estabilidad, bendición y un testimonio poderoso para otros.

CAPÍTULO 12

ANANÍAS Y SAFIRA: UNA ADVERTENCIA PARA LOS MATRIMONIOS DE HOY

Leemos en el libro de Hechos capítulo 5:1–10, la historia de Ananías y Safira, una pareja que como dice el título del capítulo, nos enseña una advertencia para los matrimonios de hoy en día.

Y es que, no todas las parejas que hallamos en la Biblia son prototipos para seguir su ejemplo, pero cada una de ellas tiene sucesos individuales para enseñarnos.

Esta pareja no fue conocida por su devoción, fe, amor, dedicación y compromiso con Dios. Sin embargo, se cuenta que fue una de las primeras parejas que hicieron parte de la iglesia primitiva, y se podría describir como la trágica, corta o contundente historia de una pareja que provocó una sentencia celestial definitiva en sus vidas.

Así, esta historia proporciona una advertencia muy significativa y puede convertirse en un espejo reflectivo para las acciones y relaciones actuales de cada persona o cónyuge.

Debemos ponernos en guardia, ya que podemos ir en contravía de nuestro propio destino y arrastrar consecuencias nefastas. Pero teniendo el tiempo y la oportunidad para reflexionar, corregir, cambiar y construir desde la honestidad y la verdad en nuestras relaciones familiares, podemos marcar la diferencia y dejar un legado ejemplar que impacte a las presentes y futuras generaciones.

Por otra parte, esta pareja no es la excepción, porque la mayoría de los seres humanos han decidido recorrer un camino de falsedad y apariencia. Ananías y Safira se unieron para sostener una mentira; acordaron como pareja encubrir lo que estaba incorrecto, decidieron el fingimiento pensando que nadie se enteraría de su mal comportamiento.

Les fue fácil elegir la senda de la apariencia y del engaño. Fingiendo una generosidad superficial, vendieron una propiedad y dieron solo una parte, pretendiendo hacer creer que habían entregado todo el total del bien vendido. Su falta no fue dar poco, sino adulterar, falsificar y tergiversar lo que daban. Su mezquindad, apariencia y mentira les privaron de establecer esta donación sobre la verdad, y fue descubierta su intención: solo querían aparentar y figurar.

En la actualidad muchas personas y parejas se dejan llevar por un espejismo de amigos, compañeros de trabajo, estudio, del medio o de la cultura. En el afán de ser aceptados, aprobados, reconocidos, admirados y exitosos, fingen lo que no tienen y aparentan lo que en realidad no son. Simulan no tener problemas, necesidades o conflictos corporales, económicos, intelectuales, psicológicos o sociales, presentándose con una máscara o fachada inexacta.

No obstante, en la intimidad o en secreto son individuos o parejas muy diferentes. Una persona sincera, en el momento, no gana muchos adeptos, pero establece todo su accionar en lo que vive o se da en su intimidad.

Así que, la historia de Ananías y Safira, aunque estremecedora, no está escrita para juzgar, sino para meditar, evaluar, advertir, corregir, cambiar y mejorar.

Cada persona o pareja tiene la oportunidad de autoevaluarse, mirar hacia adentro y examinar si está edificando a partir de la transparencia, sinceridad y humildad en el diario vivir y en los propósitos que se ha trazado.

El error de Ananías y Safira puede ser evitado si hay voluntad y deseo de caminar en luz, en el temor de Dios y de restablecer la confianza y la comunión. Se necesita valor y sinceridad para tener la capacidad de actuar con la verdad y regresar a ese principio divino que es la base de la cual procede la vida.

12.1. Cuando la apariencia daña la relación desde adentro

Esta pareja de Ananías y Safira se unió y se puso de acuerdo, pero no para algo bueno, provechoso y productivo. Decidieron, en mutuo acuerdo, pretender mostrar una imagen adulterada de generosidad, honestidad y entrega.

Y, siendo engañados por el resultado y su instinto natural al vender un terreno, se apropiaron de parte del precio de la venta, cuando habían estipulado entregar todo el dinero realizado. La falta no fue que guardaran parte del dinero, sino la forma en que lo hicieron: aparentando ser honestos y generosos, cuando en realidad era una verdad a medias y disfrazada.

De igual manera, en nuestros tiempos las personas o parejas se enfrentan a ambientes en la misma dirección. No necesariamente es el dinero en lo que se miente, se finge o se aparenta. Se puede aparentar ser feliz, estar unidos, no tener problemas o necesidades, o mostrar espiritualidad, pero en la realidad solo es una farsa.

Se puede actuar para quedar bien con lo que se supone que hay que ser. Puede colocarse una máscara para aparentar en público, pero en la intimidad del hogar —donde verdaderamente se distingue o conoce a alguien— no existe la comunicación, la comprensión, el respeto ni la sinceridad. Todo esto se convierte únicamente en un anhelo añorado y deseado por la pareja y la familia que la rodea.

Asimismo, cuando una persona o pareja comienza a actuar y tomar decisiones para agradar o complacer a los demás, dándole más importancia a lo que otros piensen o al "qué dirán", deja de vivir para sí y descuida lo más importante: su propio ser.

Las expresiones sinceras suelen convertirse en uno de los sentimientos más incómodos, ya que muchas veces se prefiere callar o guardar silencio para evitar el conflicto. O bien, uno de los dos hace o participa en hechos con los que no está de acuerdo, solo "para no quedar mal".

Esta forma de actuar o presión para aparentar termina afectando la confianza, y la relación se va enfriando sin que los involucrados lo noten. Lo más delicado de este tema es que no se le presta atención para abordar los asuntos verdaderamente importantes que deben tratarse.

Así, se terminan tomando decisiones a partir de la apariencia, la imagen, el talento o la capacidad, y no desde lo que realmente importa: el ser de la persona.

Por lo tanto, es necesario tener en cuenta lo que Dios dice en su Palabra: "*Y Jehová respondió a Samuel: No mires a su parecer, ni a su estatura, porque yo lo desecho; porque Jehová no mira lo que mira el hombre; pues el hombre mira lo que está delante de sus ojos, pero Jehová mira el corazón*" (1 Samuel 16:7).

Aunque lo que se perciba externamente parezca bien y atractivo, lo que hay dentro de la persona es lo más importante, y es lo que se manifiesta en los momentos más placenteros, oportunos, opresivos o difíciles de su vida.

Por eso se recomienda romper con ese círculo de apariencia, simulación y autoengaño, entrar en un proceso de autoevaluación sincera, y desechar los hábitos y costumbres que se perciben, admitiéndolos, confesándolos personalmente y pidiendo perdón por cada uno de ellos.

Luego, renunciando públicamente, para volverse a conectar con la verdad y la transparencia anheladas por la mayoría de los seres humanos, contando así con el beneplácito de Dios.

12.2. Cuando lo que se oculta termina separando

Uno de los hechos más crudos en esta historia es la confrontación que Pedro le hace a Safira: *"¿Por qué convinisteis en tentar al Espíritu del Señor?"* (Hechos 5:9).

La pregunta es significativa; no solo mintieron, sino que lo hicieron con conocimiento y de manera unida, como si el Espíritu no tuviera presencia ni poder en sus decisiones. Y eso es lo que viven muchas personas o parejas hoy en día: con el corazón dividido, una es la relación o forma en que Dios se ha dado a conocer y otro es el costo exagerado por ocultar su condición o estilo de vida.

En esta pareja de Ananías y Safira, lo más delicado no fue lo que hicieron, sino la forma y el consentimiento con que lo hicieron. Al saber voluntariamente que no fueron sinceros, continuaron con el fraude hasta ser entregados.

Y tristemente, esa es la realidad de una buena parte de personas o parejas que viven con máscaras, secretos y problemas, pecados aparentemente pequeños pero ocultos, que con el tiempo terminan afectando y agotando a la persona, la relación conyugal y, por ende, la relación y comunión con Dios.

Por otra parte, hay parejas que ocultan gastos, preocupaciones, temores, malos hábitos por vergüenza, temores para no molestar o para no mostrarse débiles ante el cónyuge, dejando de hablar o comunicar lo que sienten o conocen. No lo hacen porque quieran causar daño, sino porque desconocen cómo afrontar ciertas realidades que les incomodan.

Sin embargo, cuantos más sucesos se reserven, más complicada se vuelve la forma de expresarlos y también de recuperar la confianza para volver a hablar con libertad.

No olvidemos que el silencio es un enemigo engañoso: estanca, divide y separa la relación, y tarde o temprano descubre los secretos que no se han querido revelar.

Cuando la pareja comienza a perder la confianza, desaparecen la fuerza, el interés y la sinceridad. Entonces ya no se comunica desde la verdad, sino desde suposiciones, sentimientos y dudas. Estas acciones estancan, debilitan y ahogan la relación, volviéndola tensa, fría y propensa a los malentendidos.

En el caso de Ananías y Safira, el desenlace fue desastroso, pero esta historia debe servir como enseñanza, para corregir y no reincidir en esta práctica tan nociva, mientras haya oportunidad, tiempo y espacio para dialogar, evaluar y planear. Mientras exista la posibilidad de actuar con diligencia, sinceridad y humildad, siempre habrá ocasión para comenzar de nuevo.

De este modo, muchas veces se cree que hablar de los sucesos que duelen o de los errores cometidos va a empeorar y destruir la relación. Pero en la mayoría de los casos, esa declaración puede mejorarla e incluso salvarla.

La sinceridad promueve acercamientos inesperados. Decir la verdad cuesta, pero vale la pena, porque es la mejor medicina para limpiar el corazón y sanar las heridas infectadas por el silencio y el pasado.

La confianza se construye a partir de pequeños detalles, y todo comienza con una decisión: dejar de callar, esconder u ocultar hechos, errores o conductas inapropiadas, y comenzar a hablar desde la honestidad, el amor, la consideración y la verdad.

12.3. Volver a la verdad: una oportunidad para cada pareja

Ananías y Safira no se dispusieron para volver atrás en el camino. Contaron con el tiempo, la oportunidad y el espacio, además de señales y causas para recapacitar y enderezar el rumbo, pero optaron por conservar su decisión equivocada. Su historia acabó siendo un caos.

Esta narración trae una enseñanza importante para cada persona o pareja: dependiendo de la decisión que se elija, siempre surgirán oportunidades si se tiene la disposición para comunicar y expresar la verdad desde la autenticidad y con una natural sinceridad. Entonces, no importa si hubo equivocaciones, secretos, decisiones mal tomadas u omisiones; lo que verdaderamente interesa es lo que se decida hacer de aquí en adelante.

Volver a la verdad no significa acusar, hostigar ni agredir al otro, tampoco reabrir o escarbar conflictos del pasado. Todo lo contrario: es construir un espacio donde los dos puedan expresar deseos y sentimientos como "quiero que nos abramos y volvamos a confiar, sin miedos ni máscaras". O simplemente anhelar y desear una relación más transparente y sincera. Es la mejor forma de marcar el inicio de una nueva etapa en la relación.

Hablar desde el corazón y con honestidad, recordar lo que ha dolido y escuchar con atención sin juzgar son pasos sencillos pero impactantes que se pueden lograr en una relación. La verdad no siempre es liviana, pero es la mejor opción para andar en luz, porque la mentira siempre traerá oscuridad y suspicacia.

Cuando una pareja elige caminar en autenticidad, transparencia y honestidad, todos los elementos se alinean y comienzan a cambiar: el orden en la casa, la manera de tratarse, el modo en que se miran, las decisiones que llevan a cabo, los tiempos compartidos, las compras realizadas, los negocios efectuados. La relación se muestra y se siente más autónoma, genuina y abierta.

Por otra parte, esta narración de Ananías y Safira no es solo la historia de una pareja que eligió y terminó mal; sino que también es un manual que le puede inspirar y motivar para enfocarse en hacer el bien y decir la verdad en todo tiempo. Porque la apariencia no edifica, motiva ni inspira, pero la verdad construye, modela y desafía. Aunque tiene un costo practicarla, vale el esfuerzo.

Si hay amor, respeto, comprensión, sinceridad y deseo de crecer, es porque la expectativa está viva. Y lo más importante no es lo que sucedió en el pasado: lo que realmente importa es lo que emprenderán de ahora en adelante y el camino sincero que tienen por recorrer.

12.4. Estando alerta sobre la seducción que puede causar el dinero

Ananías y Safira decidieron escoger el camino del fracaso al dejarse seducir por el dinero, sin dimensionar el impacto espiritual, social y físico en el que serían sorprendidos y afectados.

Por cierto, la Escritura nos advierte: *"Porque raíz de todos los males es el amor al dinero, el cual codiciando algunos, se extraviaron de la fe, y fueron traspasados de muchos dolores"* (1 Timoteo 6:10).

Por otro lado, nadie puede negar que el dinero desempeña un papel muy importante en la vida de todo ser humano. El dinero no da la felicidad, pero sí puede ponernos de mejor humor. Alguien dijo: "En realidad no me gusta el dinero; pero el tenerlo me calma los nervios".

De la misma manera, toda persona o pareja enfrentará la tentación, atracción o seducción que produce el factor dinero. Este ha engañado a muchos prometiéndoles felicidad y solución a todos sus problemas: éxito, poder, estatus, amor, amigos… Sin embargo, quienes se dejan seducir por ese engaño terminan dividiendo su corazón y haciendo del dinero el dios de sus vidas.

Jesucristo hizo una advertencia significativa en cuanto a este tema: *"Porque ¿qué aprovechará al hombre, si ganare todo el mundo, y perdiere su alma? ¿O qué recompensa dará el hombre por su alma?"* (Mateo 16:26).

Es revelador que el Señor Jesucristo, quien vino a este mundo para enseñar tantas cosas importantes y por medio de quien todo lo que existe fue creado, habló más del dinero que de ningún otro tema. No solo lo mencionó repetidas veces, sino que en la mayoría de sus declaraciones incluyó consejos acerca de su correcto manejo (Lucas 12:15 y Mateo 6:19–21).

Los años han transcurrido desde entonces y han mostrado por qué Jesucristo enfatizó en los peligros relacionados con el dinero. Este se ha convertido en un obstáculo entre los mejores amigos, ha hecho caer a los soberbios y orgullosos y ha destruido completamente a millares de matrimonios. Probablemente el amor al dinero, el materialismo y las deudas han devastado más personas y familias que ningún otro factor.

Los hombres han codiciado, han matado, han muerto y han ido al mismo infierno por causa del dinero. Créame: también puede llegar a destruir su vida, matrimonio y familia, si no elige y aprende a administrarlo sabiamente.

Por otra parte, es muy común y llamativo buscar obtener dinero fácil a través de orígenes nocivos. Defraudar, hurtar o recurrir a fuentes ilícitas son formas naturales y comunes que utiliza el hombre para adquirir bienes o dinero, pero esas prácticas son contrarias a los valores morales y a lo establecido por Dios en su Palabra.

En consecuencia, Dios aborrece la ganancia deshonesta, los motivos codiciosos para obtener dinero y la falta de una generosidad compasiva. Vivimos en un mundo con muchos senderos atractivos, lleno de trampas peligrosas y de tentaciones sutiles donde debemos transitar todos los días.

El materialismo intenta persuadirnos de que las posesiones, bienes, riquezas y logros materiales producen gozo y satisfacción.

El uso y el abuso del dinero es un área donde el adversario procura, por todos los medios, hacer tropezar y caer tanto a personas como a parejas, en manejos ilícitos del dinero mediante hurtos, abusos, engaños, trueques y estafas oscuras.

La Palabra de Dios describe un historial extenso de hombres que fueron llamados y posicionados por el mismo Dios, y que se destacaron como profetas, reyes, siervos, discípulos, líderes y cristianos del común, pero fueron engañados y seducidos por el factor dinero. Muchos de ellos perdieron su patrimonio, ministerio, prestigio, imagen, familia e incluso su propia vida.

Asimismo, vemos que el hombre natural y alejado de Dios invierte su dinero en juegos, vicios, diversiones y actividades que alimentan su naturaleza caída. Avasallado por el materialismo, centra su pensamiento en lo temporal, ignorando que todo bien adquirido en esta vida tarde o temprano se quedará aquí. Nada podrá llevarse más allá, porque todo lo visible es pasajero y vuelve al polvo de donde fue tomado. Cuando el dinero ocupa el lugar del propósito eterno, se convierte en un amo exigente que divide el corazón y debilita las relaciones, especialmente la relación matrimonial.

Por eso, la correcta administración del dinero en pareja no es solo un asunto financiero, sino profundamente espiritual y relacional. Administrar juntos implica dialogar con honestidad, planificar con visión compartida y rendirse cuentas con transparencia. No se trata únicamente de cuánto se gana, sino de cómo se decide usarlo en unidad, con responsabilidad y temor de Dios.

Cuando el corazón está alineado con el propósito divino, el dinero ocupa su lugar adecuado: deja de ser motivo de tensión y se transforma en una herramienta de bendición. El llamado es claro: no permitan que el dinero gobierne la relación, sino gobiernen el dinero con sabiduría, para edificar un legado que trascienda lo temporal.

Cuestionario: Llamado a la transparencia

Seguimos la misma dinámica de los cuestionarios anteriores. Por favor asigna tu puntaje a cada uno de los siguientes aspectos de reflexión entre 0 y 5.

Aspecto de reflexion	Puntaje (0-5)
1. No vivimos de apariencias; mostramos quiénes somos realmente.	
2. Hablamos con sinceridad sobre lo que sentimos, sin máscaras emocionales.	
3. Evitamos ocultar información que pueda afectar nuestra confianza.	
4. Manejamos el dinero con transparencia y acuerdo mutuo.	
5. Valoramos la verdad por encima de la aprobación o la apariencia.	
6. Reconocemos y corregimos nuestros errores en lugar de encubrirlos.	
7. Nos damos libertad para expresar miedos y necesidades sin juicio.	
8. Creemos que la sinceridad fortalece la confianza y la comunión.	
9. Reconocemos que el amor al dinero no debe guiar nuestras decisiones.	
10. Procuramos vivir con autenticidad y transparencia delante de Dios.	
TOTAL	

0–20 puntos — Relación marcada por apariencia y desconfianza.

Hay riesgo de caer en dinámicas de engaño y ocultamiento; es urgente recuperar la transparencia y dar pasos firmes hacia la honestidad antes de que el daño sea mayor.

21–35 puntos — Buenas intenciones, pero grietas serias en confianza.

Pueden existir silencios, acuerdos ocultos o decisiones para guardar apariencias. Si no se enfrentan con valentía y verdad, estas grietas pueden crecer hasta quebrar la relación.

36–45 puntos — Bases de sinceridad en crecimiento.

A diferencia de Ananías y Safira, aquí hay disposición para caminar en luz y afrontar los retos con transparencia. El desafío es seguir fortaleciendo la autenticidad y la confianza mutua.

46–50 puntos — Relación sólida y auténtica.

La pareja vive sin máscaras ni secretos, cuidando que ni el dinero ni la apariencia gobiernen sus decisiones. Este camino de verdad inspira a otros y refleja un corazón íntegro delante de Dios.

CAPÍTULO 13

PRISCILA Y AQUILA: UN MODELO DE UNIDAD, SERVICIO Y MISIÓN

Mencionar a Priscila y Aquila es encontrar una de las parejas más imprescindibles de la iglesia primitiva. Ellos, aunque no tenían el papel protagonista de un apóstol como Pablo o Pedro, sí manifestaron un impacto dinámico, y constante demostrándolo por un tiempo extenso.

En cada pasaje bíblico que son mencionados se describe como un matrimonio que vive en la fe, en el compromiso con la misión y en el deseo de servir con lo que disponen en sus manos. Así, con su estilo de vida nos enseñan que no hace falta ser predicador, o ejercer un cargo de liderazgo visible para ser una persona útil, y que marque una diferencia en el Reino de Dios.

Además de ello, lo que más caracteriza a esta pareja es que lograron integrar su trabajo habitual con su llamado espiritual. Su labor como trabajadores de tiendas no fue una limitación para el ministerio, sino que más bien representó una plataforma desde donde dieron un testimonio de su fe.

De hecho, consiguieron convertir el trabajo, la hospitalidad y la enseñanza en instrumentos para extender el evangelio. Así, su hogar fue un lugar de discipulado y misión, donde se demostraba que lo ordinario puede volverse algo extraordinario si se pone al servicio y en las manos de Dios.

Por otra parte, en tiempos de fragmentación de lo secular frente a lo espiritual, donde todavía debemos combatir dicha fragmentación, Priscila y Aquila son un modelo para todos nosotros de que toda la vida puede convertirse en una ofrenda de servicio. Por eso, su ejemplo estimula a las parejas a vivir con una única intención, uniendo esfuerzos en la fe y abriendo su hogar a modo de faro.

De esta forma, ellos demostraron en la práctica lo que afirma la Escritura: *"Mejores son dos que uno"* (Eclesiastés 4:9), ejerciendo la madurez necesaria para corregirse con amor y animarse mutuamente con un compromiso apasionado por la causa de Cristo. No caminaron en soledad ni en competencia, sino en unidad, fortalecidos en propósito, dispuestos a arriesgarlo todo por aquello en lo que creían, dejando así un legado que trasciende generaciones.

Desde esta perspectiva surgirá la primera de las grandes lecciones de su testimonio: la forma en que lograron combinar el trabajo manual, la hospitalidad y la entrega personal como un solo y único proyecto de vida, sobre lo cual reflexionaremos en el escrito que sigue.

13.1. Trabajo en equipo, hospitalidad y dedicación (Hechos 18: 1 – 3)

El testimonio de esta pareja se encuentra en la historia bíblica como un ejemplo, de una pareja que dejó huella en la iglesia primitiva. De hecho, su evidencia se caracteriza por la hospitalidad, la entrega misionera y el servicio constante.

Además de formar un matrimonio compartido por la fe, se constituyeron en amigos y compañeros inseparables del apóstol Pablo, a quien le proporcionaron apoyo en momentos significativos de la obra que estaba llevando a cabo.

Por lo tanto, su efectividad demuestra cómo la entrega voluntaria al servicio dentro de la voluntad de Dios puede abrir puertas y generar un impacto en la comunidad cristiana y no cristiana, más allá de lo que podamos imaginar.

El primer encuentro que se da entre Pablo y esta pareja se produce en Corinto, ciudad que por aquel tiempo era un centro cultural y comercial muy importante. Según Hechos 18:1–3, Aquila y su esposa Priscila habían sido expulsados de Roma a raíz de un edicto del emperador Claudio dirigidos a los judíos que proclamaban a Cristo.

Así, esta situación difícil se transformó en una oportunidad divina: su desarraigo les permitió unirse a Pablo en la labor de hacer tiendas, y a partir de ahí se produce una profunda amistad y una alianza misionera que estableció la expansión de la buena nueva. De esta manera, lo que parecía ser una pérdida —el haber sido desterrados de su hogar— se trasformó en un escenario oportuno, para un propósito misional de extender la obra de Dios.

13.2. Unidad espiritual y propósito compartido (1 corintios 16: 19)

Priscila y Aquila fueron una pareja que enfrentaron con empeñó la adversidad. De hecho, las situaciones desfavorables no les generaron desánimo y menos un bloqueo ministerial. Por el contrario, les proporcionó una motivación para detectar oportunidades donde los demás veían obstáculos.

Esta pareja en esos momentos de adversidad obtuvo una fluida creatividad y la fe necesaria para reactivar el oficio de fabricantes de tiendas y, a la vez, volverse a impulsar en su llamado espiritual. Igualmente, en la vida secular y en el terreno ministerial, acogieron al apóstol Pablo en su propia casa, compartiendo el lugar donde vivían y, a la vez, el corazón que tenían. De este modo, su propia casa se convirtió en punto de referencia y en una plataforma de donde se proclamaba y se enseñaba el Reino de Dios.

Por otra parte, el ministerio de esta pareja se caracterizó también por la estrategia que aplicaron: allí donde Dios les daba la oportunidad laboral, ellos aprovechaban para enseñar de Jesucristo.

Con este ideal, su vida nos muestra cómo la fe se incorpora a lo cotidiano, y cómo el taller de unos artesanos puede convertirse en un aula de discipulado. Asimismo, se movían como un solo cuerpo, trabajando en equipo y cooperando en unidad.

En consecuencia, encarnaron una vocación integral que mezcla la economía del hogar, la práctica de la artesanía y la misión evangelizadora. De este modo, difundieron el evangelio no solamente con palabras, sino también como un estilo de vida, en el cual muestran que para servir a Dios no se requiere de escenarios extraordinarios, sino de corazones apasionados, sinceros y dispuestos a irrumpir en la cotidianidad.

13.3. Equilibrio entre lo secular y lo espiritual (Hechos 18: 1 – 3)

El trabajo de esta pareja y el ministerio que ejercía poco a poco se fueron entrelazando. Priscila y Aquila eran fabricadores de tiendas, oficio mediante el cual podían financiar su existencia, al igual que su misión. Su taller se trasformó a la vez en una esfera de producción y un lugar donde daban testimonio de su fe. No se quedaron estáticos esperando de "tener un montón de tiempo para dedicarse a servir a Dios"; al contrario, aprovecharon y convirtieron cada oportunidad, momento, ocasión y todos los recursos obtenidos para glorificar el nombre del Señor.

La vida de este matrimonio no se mide con porcentajes, como divididos entre trabajo y ministerio, sino en total; entregaron así el 100% de su existencia, de su esfuerzo y de sus dones al Señor, convirtiéndose en lo que llamamos hoy un ministerio bivocacional.

Lo que definirá la huella de esta pareja cristiana es el talento y la disposición con la cual entrelazan lo laboral y lo espiritual. El profesionalismo, la integridad financiera y la vocación ministerial no se desligan, sino que se aglutinan y se convierten en un testimonio vivencial de la iglesia primitiva.

El trabajo no es un impedimento, sino que se convierte en una oportunidad para anunciar el evangelio del Reino de Dios; su testimonio lo demuestran a la hora de establecer que en ese camino de servir al Señor no es necesario renunciar a una ocupación. Al contrario, demuestran que las buenas nuevas se pueden proclamar desde cualquier lugar: un taller, una casa, un negocio, una ocupación común.

Priscila y Aquila nos enseñan a ver nuestro trabajo cotidiano como un espacio para la misión, nos recuerda que la gracia y el poder de Dios se muestra tanto en la iglesia como en nuestra vida cotidiana, y que la verdadera eficacia está en poner todo — lo que sabemos y lo que tenemos — al servicio del Reino.

13.4. Hospitalidad, servicio y madurez (Romanos 16: 3; 1 Corintios 16:19)

La hospitalidad, el servicio y la disponibilidad de Priscila y Aquila no fueron el "plus" de sus vidas, sino que eran la potente expresión de un diseño misional. De hecho, abrir su casa significó algo más que albergar visitas. Les implicaba tiempo, esfuerzo, recursos, disciplina, pero, ante todo, la disposición a mostrarse vulnerables ante sus familiares y amigos.

Sin embargo, cada privación no debilitaba su compromiso, sino que lo fortalecía, produciendo un alto rendimiento en la labor misional que proclamaban. Este fruto se evidenciaba en la extensión del evangelio, la consolidación de la fraternidad, la multiplicación del discipulado y el crecimiento de la comunidad, así como en el respaldo progresivo dentro de ella. De este modo, su mensaje no quedaba solo en palabras, sino que se traducía en una práctica viva y transformadora.

Igualmente, la mesa y el salón de casa se transformaron de esta manera en aula, taller y altar. Así, un espacio ordinario se hizo extraordinario para muchos, convirtiéndose en una experiencia inevitable y palpable de la fe.

Además, la oración no era un ritual distante, sino una experiencia viva del poder de Dios; la enseñanza no era una teoría vacía, sino un estímulo para corregir, reafirmar y acompañar en el proceso de madurez.

Así, su casa se trasformó en un verdadero centro de discipulado y formación, más que un lugar de descanso: fue un lugar de desarrollo y delegación del servicio cristiano que dio su rendimiento en el Reino de Dios como iglesia familiar.

¡Qué pareja tan extraordinaria fueron Priscila y Aquila! No escatimaron esfuerzos, ni limitaron oportunidades, ni se reservaron estrategias. Todo lo contrario, dieron todo lo que eran y/o tenían para el servicio del evangelio, siendo así un modelo confrontativo, apasionado e inspirador.

De manera que su testimonio sigue aun desafiando a las parejas de hoy para que cada hogar pueda ser mucho más que un refugio de descanso, uno que pueda establecerse como un faro de luz, fe, e inspiración en la misión redentora de las generaciones.

13.5. Identidad ministerial compartida (Romanos 16: 3 – 4)

El apóstol Pablo les otorga una designación como señal de aprecio y, a la vez de reconocimiento: *"mis colaboradores en Cristo"* (Romanos 16:3). Con esta afirmación pone de manifiesto la unidad operativa y espiritual que los unía.

Otro detalle interesante es que la Escritura menciona primero a Priscila (Hechos 18:18, 26; Romanos 16:3) esto muestra el carácter activo y significativo que ella poseía, pero que no generaba rivalidad, desorden ni irrespeto a su esposo.

Por lo tanto, los dos entendieron que no existían dos ministerios paralelos, sino uno solo al cual los dos servían, con dos voces, pero un único proyecto compartido, con un mismo objetivo, y con metas alineadas en torno a la misión de Dios.

Su identidad ministerial, sin embargo, no se construía desde el 'yo', sino desde el 'nosotros', teniendo a Jesús como modelo en su relación con el Padre. Justamente esa identificación en la fe fue el elemento que los mantuvo unidos, una pareja que aprendió a complementarse en su propósito, reconociendo los papeles asociados tomando la decisión de unir fuerzas cada día, para servir en la obra de Dios.

De esa manera, su motivación nacía de una insondable preferencia por compartir el evangelio eterno de Jesucristo. Comprometidos de manera activa con la comunidad cristiana de su época.

Con esta determinación de compromiso, servicio y entrega innegable se convirtieron en una pareja distinguida en la historia de la iglesia primitiva gestada en aquel tiempo dejando con ello un legado inspirador, motivador y llamativo para la familia, la iglesia y lo sociedad contemporánea.

13.6. Sabiduría y discreción que transforma (Hechos 18: 24 – 26)

Apolos era un orador muy elocuente, diligente y ferviente en su manera de enseñar, pero carecía de orientación doctrinal. Al escucharlo Priscila y Aquila *"le describieron con más exactitud lo concerniente al camino del Señor"* (Hechos 18:26).

Esta fue una intrepidez virtuosa, loable y distinguida de parte de esta pareja con Apolos, porque no es solo lo que le enseñaron, sino la forma en que lo hicieron. No lo avergonzaron ni lo hicieron sentir incómodo públicamente, sino que lo llamaron individualmente para instruirlo, motivarlo e incrementarle su efectividad.

Le enseñaron con ello su cercanía, afecto, aprecio y su genuina espiritualidad, instruyéndolo así en una forma digna de imitar. Primero lo escucharon, luego reconocieron su denuedo y posteriormente le corrigieron lo que observaron deficientemente con respeto y mansedumbre.

Esta es una manifestación y un ejercicio espiritual agradable que preservó el corazón de Apolos y protegió el testimonio del evangelio.

La exhortación en un escenario como este debe ser trasparente: puesto que la verdad presentada sin amor puede ofender y lastimar, en tanto que el amor sin la verdad puede confundir. La escritura lo describe así: *"Con misericordia y verdad se corrige el pecado, y con el temor de Jehová los hombres se apartan del mal"* (Proverbios 16: 6).

El amor y la verdad deben ir juntos a fin de que se provoque una transformación genuina en las personas, familias y en las comunidades.

También, el mismo apóstol Pablo expone de una manera positiva la participación de esta pareja. Al final de su vida les envió un saludo personal en 2 Timoteo 4:19, así como en Romanos 16: 3-4 confirma que *"pusieron su vida en peligro"* por él.

Con esta breve pero contundente expresión, Pablo da cuenta de su presencia en los momentos más críticos de su ministerio. De esta forma, cooperaron activa y presencialmente apoyando tanto el ministerio del apóstol Pablo como el desarrollo de la iglesia, con una firmeza vehemente y sin ningún egocentrismo, manifestando asimismo su servicio, entrega y constante dedicación a la iglesia como a la comunidad.

Por último, su huella quedó registrada como la de un matrimonio que abrió su casa, adoctrinó a los nuevos creyentes, formó a líderes y sirvió con hospitalidad en cada ciudad donde Dios le envió.

En cada tiempo, en todo lugar y con cada recurso que tuvieron a su disposición, supieron ser instrumentos del Reino. Su testimonio continúa impulsando a parejas, familias e iglesias a comprender que el verdadero impacto no se mide por la popularidad, sino por la fidelidad, entrega y compromiso.

Así, Priscila y Aquila se establecen como un modelo integral de unidad, servicio y misión para cada generación.

Cuestionario: Unidad, servicio y misión en pareja

El cuestionario se trabaja de la misma manera que todos los capítulos anteriores. Por favor asigna de 0 a 5 el puntaje a cada uno de los siguientes aspectos.

Aspecto de reflexión	Puntaje (0-5)
1. Reconocemos que el trabajo en equipo fortalece nuestra fe y misión.	
2. Abrimos nuestro hogar como un espacio de hospitalidad y servicio a otros.	
3. Procuramos mantener unidad espiritual y propósito compartido en nuestras decisiones.	
4. Vemos nuestro trabajo cotidiano como una oportunidad para servir a Dios.	
5. Nos esforzamos por equilibrar lo secular y lo espiritual en nuestra vida diaria.	
6. Reconocemos que nuestra identidad ministerial no se construye en lo individual, sino en el "nosotros".	
7. Buscamos corregirnos mutuamente con amor, respeto y discreción.	
8. Estamos dispuestos a apoyar a otros en su crecimiento espiritual.	
9. Sabemos que nuestro hogar puede convertirse en un faro de fe y misión para otros.	
10. Nos motivamos a servir con alegría y entrega, arriesgando comodidad por la causa de Cristo.	
TOTAL	

Interpretación de resultados

0–20 puntos — Bajo nivel de unidad y servicio compartido.

La relación muestra áreas descuidadas en fe, trabajo en equipo y hospitalidad; es necesario evaluar con sinceridad qué aspectos deben fortalecerse para avanzar hacia una vida más unida.

21–35 puntos — Buenas intenciones, pero prácticas intermitentes.

Hay señales de crecimiento, aunque falta constancia y compromiso. Con disciplina y propósito, pueden avanzar hacia un hogar que sea un espacio estable de bendición.

36–45 puntos — Relación con esfuerzo claro y sólido.

Se evidencia trabajo espiritual conjunto, servicio y equilibrio entre lo secular y lo espiritual. Aun así, siempre hay margen para perfeccionarse en amor, discreción y unidad.

46–50 puntos — Viven la misión con sabiduría y entrega.

Viven como un verdadero equipo en la fe, hacen de su hogar un faro de misión y muestran sabiduría que inspira a otros. Mantener esta fidelidad los seguirá haciendo luz en su comunidad.

CAPÍTULO 14

JESÚS Y LA IGLESIA: EL MODELO DIVINO PARA TODA RELACIÓN MATRIMONIAL

Efesios 5:21–33 es el texto que empieza por establecer un fundamento que reconfigura cualquier imagen que el ser humano pueda tener sobre el poder o sobre el dominio en el matrimonio: *"someteos unos a otros en el temor de Dios"*. Este fundamento, contrario a ofrecer el modelo de relación jerárquico o de control, introduce el concepto en el que la sujeción mutua se basa en el amor y el respeto ante Dios.

Desde ahí, el apóstol Pablo comienza a delinear cómo se expresa ese principio de la sujeción mutua en el ámbito del matrimonio; el esposo tiene el carácter de amar abnegadamente y la esposa el de responder con respeto; ambos, en el fondo, se sujetan al modelo del amor como viene demostrado por Cristo y su Iglesia.

A continuación, entraremos en el significado de esta sujeción mutua y su práctica. El matrimonio es considerado por algunos como una simple relación contractual, pero para los cristianos se convierte en una realidad que expresa y refleja el misterio del amor de Dios por las personas: Cristo ama, cuida y se entrega a la Iglesia, mientras que la Iglesia responde a su amor por medio de la obediencia, gratitud y fidelidad.

Comprender el modelo del matrimonio que hemos descrito transforma la relación de un esposo con su esposa, y la de ella con él, y a la vez transforma sus expectativas de vida de la pareja y hacia la pareja, en la que ambos llegan a entender su propósito como esposos, esto es, su vocación en el plan de salvación de Dios.

Por tanto, se hace necesario corregir el sentido popular que se da a la idea de la sujeción mutua en algunos matrimonios, pues no tiene nada que ver con el sentido de debilidad.

En esta misma línea, comenzaremos afirmando que el matrimonio es la relación humana más extraordinaria, relevante y digna; en definitiva, la única que trasciende lo meramente emocional o legal, no solo por su dimensión afectiva o jurídica, sino porque responde a un diseño trascendente.

El apóstol Pablo nos lo hace saber al denominarlo como "un gran misterio" y nos dice que representa también un modelo de Cristo y la Iglesia, pues encierra el diseño más grande, el modelo más adecuado de amor, entrega, perdón, sumisión, respeto y aspiración.

Por lo cual, no se trata de una teoría espiritual, sino de una invitación práctica a vivir la relación matrimonial como Dios la ha diseñado y a disfrutar, por lo tanto, del tiempo, del lugar, del vínculo, de la oportunidad y de la creatividad que son componentes que Él ha dado a cada pareja para vivir con plenitud.

Asimismo, el amor incondicional y absoluto de Jesús por su Iglesia es correspondido por la Iglesia, que se deja llevar y que ama a su vez a Jesús. Para toda pareja, esta es la principal y más profunda razón.

Si hemos comenzado este libro con Adán y Eva, primera pareja de la raza humana, ahora lo terminaremos mirando el complemento perfecto: la unión de Cristo y su Iglesia, un amor que redime, una gracia que transforma, y un conocimiento que permanece para siempre.

Del mismo modo, en este pasaje, el apóstol Pablo afirma una analogía de la relación de Cristo y la Iglesia como modelo de la relación que ha de establecerse en el matrimonio, centrando explícitamente los deberes conyugales de la esposa y los del esposo, evidenciando también las necesidades fundamentales de ambos.

El diseño de la relación de pareja se estableció de tal modo que no podemos llegar a ser nosotros mismos si no hay involucrada otra persona.

Cuando llegamos a tener una pareja, aceptamos que no estamos hechos para realizarnos de forma independiente. Sí, fuimos creados para complementarnos a través de la pareja; así que un error gravísimo sería pensar que podemos ser nosotros mismos y realizar esta tarea de forma individual, forjando nuestro camino sin la persona con quien hemos decidido caminar.

14.1. El amor del Esposo: entrega total y transformadora (Efesios 5:25–28, 33a)

En el núcleo del Evangelio se manifiesta una alta y extraordinaria verdad: el amor del marido hacia su esposa tiene que reflejar el amor de Cristo por su Iglesia. Dicho amor no nace de la emoción ni de la conveniencia, sino de una entrega voluntaria, permanente y transformadora.

Jesucristo no esperó que su Iglesia lo buscara, sirviera o amara; la amó como estaba: perdida, enferma, frágil e insegura. Su compasión se manifestó al verla así. Se entregó por ella, la lavó, sanó, purificó y transformó. Hoy la sigue cuidando. Su amor no es pasivo, sino firme, dinámico, redentor y eterno.

En esa misma dirección, la relación conyugal fue pensada para reflejar ese amor divino que restaura y renueva. Así como el matrimonio no es una lucha para cambiar al otro, hasta el punto de que uno exige al otro transformar su forma de ser; tampoco es un terreno donde solo se corrige, sino donde ambas partes han de sembrar y aportar lo mejor de cada uno.

No se trata de cambiar al otro por exigencia, sino de permitir que el amor transforme el propio modo de ser; es crecer más en la entrega que en la demanda, más en el aportar que en el reclamar. Así, en este proceso de entrega y madurez, los esposos pueden gozar de la plenitud del propósito de Dios y participar del bienestar que Él concede.

Por eso, el mandamiento amoroso no es una consigna o una costumbre cultural, sino que es un mandamiento eterno para bendición de la relación matrimonial.

El esposo está llamado a manifestar el amor de Cristo por la esposa mediante la práctica de tres verbos: amar, cuidar y sustentar. Estos verbos han de ir a la práctica diaria de la vida conyugal, pero también a la época diaria de la vida familiar.

Amar implica más que sentir: es un acto voluntario, desinteresado, donde busca el bien de su esposa antes que su propio bien. Es algo que se revela en las actitudes, los gestos y las decisiones que delatan interés y deseo de compromiso.

Además, la Escritura presenta una diferencia notable: a la esposa no le señala el amor como primer deber, sino la sujeción y el respeto; en cambio, al esposo le ordena amar de manera voluntaria y constante. Ese amor demanda una espiritualidad marcada por la ternura, el cuidado y la protección en los ámbitos espiritual, emocional y físico. Se expresa, en la práctica, a través de la comprensión, la atención, la paciencia y la dedicación en la interacción cotidiana, dentro de un ambiente de armonía y afecto donde florecen la condescendencia y el amor recíproco.

Por otra parte, recuerda que el amor verdadero y bíblico no lo da la naturaleza humana, dado que no es un sentimiento espontáneo ni una cuenta del esfuerzo personal, porque es una obra sobrenatural del Espíritu Santo en el corazón del hombre.

Sólo el que vive rendido al señorío de Cristo puede amar con aquel apacible, tierno y benigno fruto que sobrepasa lo que es la lógica del ser humano. Por eso, el esposo necesita depender del Espíritu del Señor de una manera diaria, cultivando una relación íntima y constante con Él.

Asimismo, el Señor Jesús resumió toda la ley en dos mandamientos: *"amarás al Señor tu Dios con todo tu corazón, con toda tu alma y con toda tu mente, y amarás a tu prójimo como a ti mismo"* (Mateo 22:37–39). En el contexto del hogar, la esposa es el prójimo más cercano al que Dios le manda amar y cuidar.

Por tanto, este mandamiento tiene que ser pensado como una decisión diaria, una opción deliberada de entrega y de servicio. El esposo que permanece en el Señor halla en Él la fuerza para dar ese fruto que reconforta el corazón de la esposa y agiganta la unión matrimonial.

Lo que Jesús dijo: *"Yo soy la vid, vosotros los pámpanos; el que permanece en mí, y yo en él, ése lleva mucho fruto; porque separados de mí nada podéis hacer"* (Juan 15:5). Esta verdad nos recuerda que el amor matrimonial solo florece cuando ambos permanecen conectados a Cristo. Sin Él, el amor se desgasta; con Él, el amor se renueva diariamente.

El amor a la esposa como a uno mismo significa cuidarla, protegerla, valorarla como parte del propio ser, siendo consciente de que ambos son una sola carne: es un amor semejante al de Cristo por la Iglesia, y que considera, a su vez, las necesidades de la esposa como igualmente importantes que las propias.

Por eso, el esposo ha de procurar el bienestar integral de su esposa: espiritual, emocional, intelectual y material. En esa misma línea, al edificarla a ella, también edifica su propia vida, pues ambos hacen parte de un mismo proyecto.

De igual manera, el apóstol Pablo manifiesta que nadie odia su propio cuerpo ¡Es más!, sino que lo alimenta y lo protege. Este principio natural de autoconservación es la analogía explicativa de cómo el esposo debe amar a su esposa: con ternura, con atención y dedicación.

A fin de cuentas, así como el cuerpo se nutre y se abriga, el cuerpo de la esposa requiere sentir que ella es amada, que ella es valorada, que ella se siente segura... Así, el amor conyugal que brota de Cristo no destruye, sino que preserva; no oprime, sino que alimenta; no exige, sino que entrega.

De esta manera, el esposo cumple su llamado: amar a su esposa de forma incondicional, a ejemplo de Cristo, siendo consuelo, fuerza y vida. Cuando ama así, el hogar se convierte en reflejo del Reino de Dios, donde la entrega y la ternura son la base de una relación verdaderamente transformadora.

Después de este profundo llamado, que nos invita a amar como Cristo ama a su Iglesia, el siguiente paso es traducir ese principio espiritual en hechos concretos. Por ello, a continuación, se presentan acciones prácticas que pueden guiar al esposo en el proceso de crecer, transformarse y manifestar su amor hacia su esposa.

ACCIONES QUE DEMUESTRAN AMOR

El amor, más que un simple sentimiento, es una opción que elegimos diariamente. No se confunde con un mero estado emocional. Es una elección continuada de dedicación y esfuerzo por nutrir la relación conyugal y mantener la vida de su esposa.

A) Cuidar y sustentar

Así como el hombre cuida su propio cuerpo, también debe cuidar y sostener a su esposa. Este cuidado se traduce en acciones como: ofrecerle tiempo de calidad, confirmarla con palabras que la fortalezcan, entrar en conexión con ella a través de pequeños gestos por sorpresa, invitarla a experimentar momentos hermosos juntos o confesarle su amor por medio del contacto físico.

Sustentar también implica escucharla, prestarle atención y servirle, así como ella le sirve a él, con amor y dedicación como esposa y mujer. Cada acto de cuidar y cada trabajo, todo es una semilla del amor que sirve para reforzar el vínculo y mantener encendida la llama de la ternura conyugal.

B) Mostrar comprensión

Amar también significa comprender profundamente a la esposa: conocer quién es, discernir lo que le preocupa y cooperar con ella de manera reflexiva, flexible y sensible. Esa comprensión crea en el hogar un espacio de armonía, libertad y crecimiento.

Tratar con delicadeza y consideración a la mujer —como a vaso más frágil— significa estar atento a las necesidades de ella y hacerla sentir segura, atendida, respetada y admirada. Cuando el esposo actúa con empatía, la esposa florece emocional y espiritualmente, mientras el hogar se convierte en un lugar de paz.

C) Apoyar con diligencia

El amor no se reduce a palabras que, para el caso, pueden articularlo, sino que se lleva a cabo con acciones diligentes. Así, el esposo debe proporcionar ayuda, asistencia y respaldo —ya sea físico, emocional, financiero o espiritual— beneficiando el bien total de la esposa. El escucharla con atención, satisfacer con prontitud sus requerimientos y ofrecer apoyo genuino es lo que tiende el puente de confianza.

El esposo que da apoyo a su esposa por disposición y empatía hace ver que ella tiene gran valor, que la aprecia, y que la acompaña ante las diferentes fases de la vida.

D) Demostrar el perdón de manera continua

Amar es también perdonar de forma continua, ya que el esposo tiene que llegar a ser un hombre perdonador y restaurador de diversas situaciones, pues se considera que su esposa puede fallar, como todo ser humano. La manifestación del perdón no solo restaura la relación, sino que sana la herida y renueva la comunión matrimonial.

Un corazón perdonador libera del pasado, evita el sufrimiento o el rencor por lo vivido, pero también deja espacios para que se produzca crecimiento entre ambas partes. Donde existe el perdón, son posibles la restauración y el renacer de la ternura y la confianza.

E) Tratar con delicadeza y ternura

Esta es, sin duda, una de las áreas donde fallan más los hombres, pues cuando la expresión de amor y de cuidado se va apagando, la relación termina siendo áspera y desconsiderada; y el lugar donde antes existía cariño mutuo se convierte en un lugar de esterilidad emocional.

Las palabras ásperas o sarcásticas destruyen la autoestima de la mujer, humillándola, denigrándola o hiriéndola. Como marido reconozco —indica el autor en primera persona— que este ha sido uno de los aspectos más complicados en la vida de pareja. A veces, sin quererlo, he contestado con rudeza o ironía, hiriendo a la persona que ha sido la más importante, la cercana y la compañera en cada área de mi vida.

Estas actitudes producen desprecio, ira y amargura en el corazón de la mujer. De ahí que el apóstol nos exhorte en Colosenses 3:19: *«Maridos, amad a vuestras mujeres, y no os convirtáis en ásperos con ellas»*. Pedro también nos enseña en 1 Pedro 3:7 que el esposo debe tratar a su esposa como a *"un vaso más frágil"*.

Esto significa reconocer su valor y su vulnerabilidad, cuidándola con respeto y ternura. El marido no debe utilizar su fuerza física, su estatus económico o su conocimiento para imponerse dominando a su mujer. Hacerlo sería violar el diseño divino del amor y romper la comunión.

El trato injusto, frío o desconsiderado provoca heridas profundas que marcan el desarrollo emocional y espiritual de la mujer, y deteriora la relación del matrimonio. Pero el trato tierno y compasivo proporciona dignidad y sanidad, y es la verdadera expresión de un amor forjado a la imagen de Cristo.

F) Responsabilidad y respeto

Por último, el amor también implica responsabilidad y respeto. Concretamente, el marido debe hacerse querer por su esposa mediante hechos, no por imposiciones; ello requiere una conducta íntegra: cuidarla, honrar su rol como compañera y reconocer su valor en cada etapa de la vida.

Si el hombre actúa con respeto y coherencia, genera además confianza y unidad. Este es el modelo del camino de Dios: un camino donde el marido ama a la mujer como Cristo ama a la Iglesia, y la mujer responde con respeto y con reverencia, exteriorizando así el misterio del matrimonio que se encuentra en Efesios 5.

14.2. La respuesta de la Esposa: sujeción y respeto (Efesios 22–24 y 33b)

Así como Cristo ha amado a la Iglesia y se ha entregado por ella, de esta forma la Iglesia responde al amor de Cristo por medio de la entrega, la confianza, la sujeción y la devoción. Efectivamente, lo hace no por obligación ni por temor, sino porque ha asumido la experiencia de un amor puro, verdadero e incondicional.

Su sujeción no es una obediencia ciega o forzada, sino una entrega voluntaria, generosa y amorosa, que resulta de la certeza de estar bajo el cuidado de quien la escucha, la protege, la valora y la pastorea con ternura.

Del mismo modo, la vida matrimonial está llamada a reflejar ese patrón divino de correspondencia. Así como la Iglesia responde a Cristo, la esposa responde a su esposo desde la confianza, el amor y una decisión libre de sujeción, no por inferioridad, sino como expresión de sabiduría.

La sujeción bíblica no desconoce la identidad femenina ni limita su voz, sino que la favorece, propiciando así, la unidad en la relación matrimonial.

En consecuencia, cuando la esposa opta por someterse y respetar a su esposo, lo hace porque está consciente de que camina al lado de un hombre que la honra, que la aprecia y que la valora. Así, se establece una relación equilibrada que fomenta la comunicación y la colaboración llena de amor y comprensión.

Por lo tanto, la sujeción y el respeto se convierten en un ámbito muy fértil para el crecimiento emocional y espiritual del esposo y de la esposa, ya que no proceden de un acto de manipulación.

De manera que se trata de una respuesta que refleja sabiduría, nacida del amor y sustentada en la seguridad que brinda un esposo que actúa a la manera de Cristo. La sujeción, entonces, no implica incapacidad para actuar o pensar como mujer, sino que expresa una voluntad que se orienta y se entrega por amor.

La mujer que se sujeta a su esposo lo hace porque ha encontrado en él a un cónyuge que respeta su voz, reconoce sus cualidades y respeta su condición.

De manera complementaria, el apóstol Pablo recoge este principio en Efesios 5:24 y 33, haciendo énfasis en dos puntos que sostienen la relación conyugal: la sujeción y el respeto. Los dos reflejan el equilibrio necesario en el cumplimiento de los deberes que manifiestan las necesidades del esposo y de la esposa dentro del matrimonio.

El esposo da a conocer su amor a través de la entrega y el cuidado, y la esposa hace lo propio a través del respeto y la sujeción. Pero, insisto en la idea: no se trata de estructuras rígidas, sino de la manifestación del amor divino al que Cristo dio forma con la Iglesia.

Por ende, el matrimonio debe ser una representación práctica del misterio de la relación de Cristo con la Iglesia: un amor de entrega mutua, donde el amor se entrega y el respeto responde; donde la entrega mueve hacia la confianza y la confianza hacia la entrega. Así se produce una relación que glorifica a Dios, que manifiesta su gloria en todo lo que corresponde a la relación matrimonial para ser expuesta en el hogar.

La comprensión de estos principios requiere enfocar la sujeción y el respeto como una virtud que brota de un corazón amoroso. Por esta razón, a continuación, se verá lo que realmente significa la sujeción y el respeto desde la profundidad de las relaciones que dan a conocer a Dios, así como el punto de vista de ambos como una fuente de paz, armonía y fortaleza para el matrimonio.

A) La sujeción

La carta a los Efesios fue escrita por el apóstol Pablo en un contexto grecorromano en el que la vida familiar estaba regida por la estructura patriarcal. En dicha sociedad, la mujer estaba bajo la autoridad y el dominio del marido según la norma social y cultural. Pero Pablo no se queda reproduciendo un modelo de sumisión, sino que lo transforma desde el Evangelio del Reino, dándole un nuevo sentido espiritual y redentor.

En esta línea, cuando el apóstol presenta a Cristo como modelo para la relación entre esposa y marido, deja claro que este orden no puede ser considerado como una expresión de condición inferior, sino como una expresión de identificación con el liderazgo del marido en el hogar.

La sumisión no es la expresión de una esclavitud ni de la pérdida de la identidad, sino una manera intencionada y por voluntad propia de afirmación y de cooperación dentro de una relación de amor y cuidado mutuo. Es un vínculo de unidad, compañerismo y fidelidad compartida, por el cual ambos caminan unidos en la misma dirección de acuerdo con el diseño de Dios.

Ahora bien, dicho esto, es conveniente precisar que la palabra sujeción ha sido malinterpretada por los cónyuges y por las comunidades en general. No quiere decir sometimiento, no quiere decir coacción o servidumbre. En su sentido bíblico, la sujeción significa "ponerse bajo" de manera voluntaria, no por debilidad, sino a partir del amor, por deseo de orden y cooperación, a la luz del ejemplo que nos brinda el mismo Cristo, que se sujeta al Padre por amor.

Por consiguiente, la sujeción no significa que la mujer debe renunciar a su voz, a su criterio o a su inteligencia. Por el contrario: le anima a expresar sus dones, talentos y sabiduría en favor del proyecto común del matrimonio, ya que así como lo determina el esposo como cabeza del hogar, Cristo lo es de la Iglesia.

Este principio no quita dignidad ni igualdad espiritual, sino que organiza los roles para mantener la estabilidad y la simetría del vínculo conyugal.

En términos más amplios, en su definición más amplia, la sujeción puede entenderse como la acción de unirse o de alinearse con otro en el propósito de caminar en la misma dirección. En el sentido bíblico sería la opción completamente voluntaria y madura de adherirse bajo la autoridad de uno, una instancia proveniente de Dios, la cual no se considera una imposición, sino un significado de confianza, respeto y amor.

Por tanto, se trata de un acto de fe diametralmente opuesto a lo que la autoridad abusiva despliega; es decir, la autoridad legítima da libertad, la autoridad legítima protege y no abusa; la autoridad legítima da orientación, no manipulación; la autoridad legítima da el lugar y no lo quita.

En consecuencia, la verdadera sujeción se practica por decisión y no por obligación. Es una elección libre de la mujer que, de manera consciente, se une al liderazgo de su marido para procurar el bien común del matrimonio y honrar a Dios con su actitud. Este principio fortalece la vida conyugal, pues disuelve la competencia, elimina la lucha de poder y promueve la armonía en el hogar.

Finalmente, la sujeción bíblica no disminuye a la mujer, sino que la lleva a un lugar de honra en los planes de Dios. Así, cuando ella se sujeta libremente, también refleja el carácter de Cristo y edifica espiritualmente su matrimonio, convirtiéndose en esa columna invisible, pero muy necesaria, que sostiene la armonía, la paz y el propósito de Dios en el hogar.

LO QUE NO SIGNIFICA LA SUJECIÓN

El tema de la sujeción en el matrimonio no puede ser confundido con la pérdida de la identidad o la renuncia al propio valor. Al contrario, el asimilar como es debido este principio nos alejará de todos los extremos que han distorsionado la real comprensión del mismo, a la vez que nos permite presentar una serie de conceptos que es preciso deshacer para comprender la sujeción en la realidad de Cristo y la Iglesia.

a) **No es inferioridad:** la sujeción no equivale a inferioridad ni significa desigualdad. Esto es: los derechos del esposo no son más importantes que los de la esposa, ni hay que pensar que la mujer tenga menos dignidad o valor.

Considerar la sujeción como un estatus inferior es cometer un grave error.

Las Escrituras enseñan que tanto el varón como la mujer han sido creados a la imagen y semejanza de Dios y, por tanto, tienen la misma dignidad, así como el mismo grado de valor y dirección.

Además, la mujer fue hecha del costado del hombre para que fuera su compañera, su igual, no de la cabeza para que lo gobernara, ni de los pies para que fuera pisoteada, sino de su costado para que pudiera ir a su lado; así, con el diseño de Dios, no existe superioridad, solamente roles diferentes sin que eso tenga que ver con el valor.

Ella se sujeta, por tanto, reconociendo la delegación de autoridad por parte de Dios dentro del matrimonio, sin que eso implique una jerarquía en dignidad ni en amor.

b) **No es esclavitud:** ni qué decir que constituye un error tratar la sujeción como esclavitud. Una mujer no es la sirvienta de su marido ni está sujeta a vivir a su entera disposición. El servicio no es servidumbre ni dependencia absoluta.

El matrimonio, por el contrario, se basa precisamente en la reciprocidad del servicio y de la entrega de uno a otro. No tiene nada de malo que una esposa tenga deseos de servir y ayudar a su esposo; pero ese servicio es el reflejo del amor de un esposo que ama, cuida y quiere hacerle la vida lo más plena y fácil posible.

Un hombre que entiende la autoridad para el liderazgo bíblico reconoce que la autoridad es servicio, no dominio. Para Cristo liderar es servir (Marcos 10:45).

En consecuencia, la mujer no está destinada a una vida de esclavitud ni de sumisión, sino a una vida de libertad, tiempo y espacio para crecer, soñar y poder ayudar a la familia de formas múltiples y diversas. La sujeción no se relaciona con forzar ni tampoco ninguna otra forma de autoritarismo.

Cualquier forma de coerción física, emocional o psicológica —a veces disfrazada con fuerza— es abuso en lugar de autoridad. Forzar a la esposa a hacer algo que vaya en contra de su propia voluntad, o permitir que se actúe así, es nada menos que traicionar el evangelio e interpretar en su sentido más contaminado el texto bíblico.

c)　　**No es silencio absoluto:** confundir la sujeción con el silencio o la renuncia a opinar es un error que se comete muchas veces. Algunos piensan o creen erróneamente que la mujer debe callar en ciertos contextos, como por ejemplo en las discusiones sobre los asuntos familiares o económicos.

No obstante, la Sagrada Escritura jamás enseña tal cosa. Por el contrario, la Biblia ilustra a la esposa como la ayuda idónea, es decir, la persona capacitada para hacer de consejera, de compañera y de llevar las riendas de la vida junto a su esposo.

De hecho, un esposo sabio es capaz de tener en cuenta que la opinión de su mujer es una de las más importantes que Dios ha dispuesto para él. La mujer es capaz de percibir la realidad de manera distinta, por lo general con mayor sensibilidad y cautela.

La intuición femenina es una bendición, una capacidad que debe ser oída, no anulada. Dejar de escuchar su voz es dejar una de las fórmulas por las que Dios también puede hablar al hogar. Por esta razón, no entendemos la sujeción como silencio, sino como diálogo, cooperación y discernimiento compartido en el marco del amor y el respeto de la relación conyugal.

d)   **No es sujeción absoluta:** finalmente, es necesario añadir que la sujeción no significa obediencia ciega, ni obediencia en todo. Existen quienes entienden de forma literal el texto de Efesios 5:24 —*"así como la Iglesia está sujeta a Cristo, así también las casadas lo estén a sus maridos en todo"*— sin tener en cuenta el marco espiritual.

En este sentido, el "en todo" se refiere a una dirección del marido justa y piadosa, como la de Cristo, que jamás ordenaría algo distinto a la voluntad del Padre. Entonces, si el esposo actúa en contra de la ley de Dios, o bien quiere hacer algo muy injusto, la esposa tendrá el derecho y el deber moral de no someterse.

Cristo no exigirá que mientan, que hagan daño, que encubran el pecado o que participen en un acto ilícito. En estos casos, la sujeción deja de ser espiritual y se convierte en la deformación de los propósitos de Dios.

Por lo tanto, si un hombre quiere que su esposa esté sometida a algo que esté por encima de la ley de Dios o de su conciencia, ella tiene la libertad y la autoridad moral de no someterse. El ámbito de la violencia, de la manipulación, del encubrimiento o de la injusticia son las posibilidades que incluye este momento.

La Escritura argumenta esta necesidad hablando de los hombres de Dios que orientan a sus prójimos: *"Juzgad vosotros mismos si es justo obedecer a Dios antes que a los hombres"* (Hechos 4:19). Así que la esposa no se siente obligada a obedecer órdenes que la alejan de Dios o la lleven a pecar. La verdadera sujeción nunca es en contra de la santidad ni de la conciencia; se da en el contexto del amor, de la justicia y de la obediencia a Dios.

En síntesis, la sujeción no convierte a la mujer en una sombra, sino que la ennoblece. No la vuelve pasiva, sino que la orienta en el propósito de Dios; no la esclaviza, sino que la libera desde su dignidad. Cuando la esposa se sujeta al liderazgo espiritual de su esposo en el orden de Dios, entonces los dos se convierten en la forma perfecta de Cristo y la Iglesia. El amor dirige, el respeto responde; Dios se hace presente y gobierna el hogar.

B) El respeto (Efesios 5:33b)

Tal y como el esposo es llamado a amar de forma incondicional y constante, la esposa es llamada a manifestar respeto. El respeto implica un reconocimiento, una apreciación y una ratificación de la función que Dios le ha entregado al esposo en la casa.

Este principio no proviene del miedo o de la imposición, sino que proviene de la comprensión espiritual de cómo el respeto edifica, fortalece y honra el matrimonio.

Ahora bien, el irrespeto, por su parte, puede manifestarse de múltiples maneras. Se da cuando la esposa habla mal del esposo, le hace un reproche hiriente, usa un tono despectivo, le quita la dignidad o bien lo critica abiertamente delante de las demás personas.

También se manifiesta cuando se exponen sus debilidades de forma pública; cuando se trata al esposo con desprecio, se le pone en ridículo o se le compara con personas de poca moralidad. Estas maneras no solo golpean el corazón del esposo y quiebran la honra y la autoridad espiritual en la casa, sino que fomentan la desconfianza y la ruptura.

De la misma manera, puede apreciarse cuando la esposa no presta atención, no está dispuesta a escuchar ni muestra capacidad de compasión. Asimismo, se evidencia cuando, mediante protestas constantes, se desafían las decisiones del esposo con una actitud testaruda, impidiendo una comunicación fluida y debilitando la armonía en la relación.

Una forma de rebelarse también podría manifestarse por medio de una conducta hostil, dirigida a imponer la opinión de la esposa de forma autoritaria: reproches, acusaciones y sentimientos de desprecio por el esposo.

Por otra parte, en caso de la conducta del hombre, no poder contar con afirmaciones o apoyo de su esposa significa que la relación que une al esposo con la esposa comienza a debilitarse. El respeto no es un favor concedido ni un privilegio ocasional, sino un principio espiritual que forma el marco del respeto conyugal, ya que brinda al esposo una condición de seguridad, confianza y motivación.

Asimismo, el respeto de la esposa hacia el esposo es una expresión de madurez y un equilibrio espiritual bien indicado. No se entiende como obediencia ciega, sino más bien como una disposición consciente hacia el reconocimiento de la dirección que ha establecido Dios.

Así como la Iglesia no tiene reparos en honrar a Cristo, así la esposa no tiene reparos en honrar los derechos de su marido con reconocimiento; no aduciendo que él sea perfecto, sino afirmando el orden que establece Dios para el matrimonio.

En la práctica, dicho respeto se estructurará en formas sencillas pero poderosas, en cada uno de los puntos que siguen:

- Escuchar con atención y con diligencia sus opiniones.
- Agradecer sus esfuerzos como proveedor, protector y guía.
- Evitar comparaciones negativas con otras personas.
- Reconocer sus virtudes y logros, incluso en los momentos difíciles.
- Tratar con amabilidad, aun en medio del desacuerdo.

Estas acciones cotidianas ayudan a crear un clima en que el esposo se siente valorado y motivado a llevar a cabo su liderazgo con amor y empeño. Es cierto, de hecho, que muchos hombres asimilan el respeto con el amor; esto es así porque el sentirse respetados les proporciona seguridad emocional que les hace sentirse fuertes y los estimula a cuidar y proteger más a la familia.

Un comportamiento respetuoso supone la creación de un ambiente de confianza, armonía y unidad donde se puede florecer y crecer juntos.

En consecuencia, el respeto está directamente relacionado con la sujeción voluntaria de la esposa al rol del esposo como cabeza del hogar. Sujeción, por tanto, no implica inferioridad o pasividad; al contrario, es una forma activa de honrar y reconocer la autoridad que Dios le otorgó. La esposa respeta e inspira; la esposa valora y motiva; y la esposa honra y fortalece.

Por todo ello, el respeto no solamente es un imperativo moral, sino que además se convierte en un acto de amor maduro que alimenta, vigoriza y enriquece la relación conyugal: signo visible de una mujer inteligente que conoce bien el diseño divino de la complementariedad, en donde amor y respeto viajan unidos bajo el señorío de Cristo.

Solo cuando Cristo es el centro del hogar, el respeto se convierte en fuente de paz, de alegría y de bendiciones permanentes.

14.3. Amor y respeto: la base del vínculo fuerte (Efesios 5:33)

El apóstol Pablo cierra este pasaje con una frase que, en palabras muy breves, expresa el objetivo del diseño divino para el matrimonio: *"Cada uno de vosotros ame también a su mujer como a sí mismo; y la mujer respete a su marido"* (Efesios 5:33). En estas pocas palabras se entrelazan dos pilares inseparables de la relación: amor y respeto. Ambos son absolutamente necesarios, son complementarios y son profundamente espirituales.

En primer lugar, el amor es la necesidad más honda del corazón de la esposa, así como el respeto es la necesidad más imperiosa del alma del esposo. Estos valores se refuerzan mutuamente. Cuando el esposo ama, el respeto aflora en la relación, y cuando la esposa demuestra respeto, el amor es la respuesta natural. De esta interacción y reciprocidad se obtiene un círculo virtuoso de crecimiento, seguridad y plenitud.

Así, cuando hay respeto y amor, la relación conyugal adquiere todas sus posibilidades creativas: una relación que puede dar lugar a una experiencia de vida donde el amor también nos transforma, haciendo surgir la fidelidad, la ternura, la alegría y la libertad. A ambos cónyuges les toca aprender a dar al otro la oportunidad de compartir juntos, disfrutar del tiempo de intimidad y crear condiciones para el crecimiento y la celebración recíproca.

Además, un cónyuge tranquilo y reflexivo se da cuenta de que ninguno está por encima del otro; es consciente de que ambos se necesitan, se complementan y de que su relación conyugal no se desarrolla en el marco de la exigencia y del poder, sino que se cultiva en el amor y en la entrega mutua. Ambos cónyuges deben asumir primero sus responsabilidades y deberes antes de exigir sus derechos, procurando siempre el bienestar del otro.

La relación conyugal así se transforma de un campo de batalla en un proyecto de unidad; se inicia el camino en la firmeza, la seguridad y la proyección que permite la guía de Dios.

Por consiguiente, el amor y el respeto no son simples mandatos morales, sino principios espirituales que se reflejan en el carácter de Cristo. El amor redime; el respeto dignifica. El amor protege; el respeto confirma. Cuando el amor y el respeto presiden el corazón del hogar, el matrimonio se convierte en un lugar de paz, de comprensión y de bendición.

14.4. Una sola carne: unidad sin interferencias (Efesios 5:31)

Dios estableció el matrimonio como una unión sin igual e inseparable. No se trata solamente de cubrir un espacio físico, como tender la cama, cuidar de los hijos o sostener un proyecto de vida.

Va mucho más allá de esto: en realidad, se trata de la unión integral del ser, en la que la dimensión física, la emocional y la espiritual se encuentran juntas hasta llegar a convertirse en un ser único de carácter integral. Este tipo de unidad se transforma, de esta forma, en la representación palpable de crecimiento, de realización, de complementariedad y de testimonio del amor de Dios.

Por eso, cuando el apóstol Pablo, citando Génesis 2:24 en Efesios 5:31, nos remite a la creación misma de la humanidad y de la relación matrimonial, nos está llevando al fundamento original establecido por Dios. Desde las primeras líneas del libro de Génesis se afirma que "Dios creó al ser humano varón y mujer" y les dio el propósito de fructificar, multiplicarse y gobernar lo creado.

Esa intención provista de amor y unidad articulaba a la pareja y al mismo tiempo la dotaba de propósito. El matrimonio, por lo tanto, era (y sigue siendo) un pacto sagrado provisto de sentido y de destino.

Por el contrario, el pecado desarmonizó dicha unión perfecta: el equilibrio original fue reemplazado por la competencia; la relación de una pareja se convierte en un juego de poder en el que uno de los cónyuges debe dominar al otro; la racionalidad se torna en irracionalidad y el equilibrio en competencia por el poder; la libertad individual se convierte en independencia de la otra persona y el amor se convierte en dependencia desordenada.

Sin embargo, las buenas nuevas del Evangelio son que Jesús vino a restaurar lo que fue destruido en el Edén. Bajo la desobediencia de Adán y Eva todo fue perdido, pero Cristo reconcilió mediante su amor a la Iglesia todo lo que fue destruido.

Por consiguiente, el desafío que presenta Dios para cada cónyuge es volver a lo primitivo: ser una sola carne, la cual no consiste solamente en la dimensión física, sino también en la unidad del pensamiento, de los valores y del destino que han de seguir en la vida.

Ahora bien, ser uno no significa pensar exactamente igual en todo ni anular la individualidad del otro. Significa avanzar hacia una misma meta, crecer juntos como pareja, aprender a tomar decisiones compartidas, fijar objetivos comunes y resolver las diferencias sin romper la unidad.

Una pareja unida en Cristo no compite, sino que colabora. No disputa uno contra otro, sino que se unen para luchar por su relación y por los sueños compartidos.

Así, el matrimonio que se construye en la unidad celebra los triunfos, se perdona en los fracasos, se apoya en las dificultades y se da ánimo en los momentos de flaqueza o desánimo. Han entendido que el enemigo no es el cónyuge, sino aquello que intenta separarlos. La verdadera victoria de una pareja no consiste en vencer discusiones, sino en mantener la unidad que establece Dios.

De igual manera, Cristo y la Iglesia son un solo cuerpo y comparten un propósito eterno; nada puede separarlos. Así también, la relación matrimonial está llamada a reflejar esa comunión en semejanza con lo divino, no desde la perfección humana, sino desde un compromiso continuo y fiel.

Ser «una sola carne» no es algo de inspiración romántica, sino una elección diaria: ser fieles, honrarse, cuidarse, respetarse y andar juntos hasta la llegada del final de la carrera o mientras haya vida sobre la tierra.

En última instancia, el matrimonio es el reflejo más profundo de todo el misterio de Cristo y su Iglesia: la unión que supera cualquier temporalidad y que señala hacia la eternidad. Allí donde la devoción del marido y el respeto de la mujer coinciden, el Espíritu Santo sella el vínculo con la fuerza de la fidelidad divina.

Ese es el último destino: vivir como una sola carne, entrelazados por la gracia, sostenidos por el amor y guiados por el propósito eterno de Dios.

Cuestionario: Amor, Respeto y Unidad

Finalmente, por favor realiza este último cuestionario bajo la misma escala e interpretación del capítulo1 del libro, que va desde el 0 hasta el 5 —donde 0 significa que no se cumple en absoluto y 5 que se cumple totalmente.

Aspecto de reflexión	Puntaje (0-5)
1. Practicamos la sujeción mutua, reconociendo que ambos estamos llamados al respeto y al temor de Dios.	
2. Buscamos que el amor del esposo refleje el amor sacrificial de Cristo hacia la esposa.	
3. La esposa responde con respeto y confianza, reflejando la actitud de la Iglesia hacia Cristo.	
4. Vemos el matrimonio como un proceso de entrega y crecimiento más que de exigencias.	
5. Reconocemos nuestro matrimonio como un misterio divino con un profundo propósito espiritual.	
6. Procuramos que nuestras acciones diarias reflejen el carácter tierno y redentor de Cristo.	
7. Dependemos del Espíritu Santo para amar, servir, honrar y perdonar.	
8. Fortalecemos la relación mediante la unidad de pensamiento, propósito, valores y visión.	
9. Evitamos actitudes que provocan división, cultivando armonía, ternura y reconciliación.	
10. Comprendemos que nuestro matrimonio refleja a Cristo y la Iglesia y buscamos vivir con paz, honra y propósito divino.	
TOTAL	

0–20 puntos — Bajo nivel de integración del modelo Cristo–Iglesia.

Este puntaje muestra áreas gobernadas por la dureza, la competencia o la falta de entrega. Es necesario revisar qué afecta la unidad y la ternura, y buscar restauración sincera en Cristo.

21–35 puntos — Disposición con frutos intermitentes.

Hay intención y señales de avance, pero sin consistencia. Con guía espiritual, constancia y oración pueden alinear la relación al diseño divino, fortaleciendo la entrega mutua y la unidad.

36–45 puntos — Relación alineada y en crecimiento espiritual.

Se observa entrega, respeto, perdón y un propósito compartido. Para avanzar, continúen profundizando en la dependencia del Espíritu Santo y en la vida espiritual conjunta.

46–50 puntos — Relación que refleja el misterio Cristo–Iglesia.

Viven amor sacrificial, respeto profundo, entrega mutua y unidad espiritual que inspira. Su matrimonio refleja la gloria de Dios; continúen en fidelidad para seguir siendo luz a otros.

EL AMOR QUE TODO LO RESTAURA

Al recorrer la historia de las parejas bíblicas, podemos contemplar un hilo invisible que une cada relato: el amor redentor de Dios. Desde el Edén hasta la cruz, cada pareja ha sido testigo de la lucha entre la fragilidad humana y la fidelidad divina.

En Adán y Eva vimos el inicio del propósito; en Abraham y Sara, la fe que espera; en Isaac y Rebeca, la dirección divina; en Jacob y Raquel, el amor que persevera; y así, una a una, cada historia nos reveló que detrás de los errores, los silencios, las pruebas y los milagros, siempre estuvo presente el Dios que restaura, enseña y renueva.

Y al llegar a Jesús y la Iglesia, comprendemos que todo converge en Él. Porque Cristo no solo vino a salvar a las personas, sino también a sanar vínculos, a reconciliar corazones y a mostrar al mundo el amor perfecto que no se rinde. Su entrega no fue simbólica: fue real, práctica e incondicional.

Y ese es el modelo al que todo matrimonio está llamado. El esposo que ama como Cristo, y la esposa que se sujeta y respeta como la Iglesia, forman una unidad indestructible, una sola carne guiada por el Espíritu Santo.

El matrimonio, entonces, es más que un contrato, es un pacto sagrado de propósito y reconciliación. Es el espacio donde morimos y en donde Dios pule el carácter, enseña a perdonar, a esperar, a confiar y a servir.

En medio de las diferencias, el amor se prueba; en medio de las tormentas, también madura; y en medio de los silencios, el amor aprende a escuchar. Cuando Cristo ocupa el centro del hogar, las debilidades se convierten en oportunidades para crecer, y las heridas en puertas hacia la reconciliación.

Por eso, este libro no termina aquí: continúa en cada pareja que decide amar como Jesús amó, sujetarse y respetar como la Iglesia respeta, y permanecer unida como una sola carne bajo el propósito de Dios.

Deseo que cada relación matrimonial sea un reflejo del Reino de Dios en la tierra, una luz que inspire a otros a creer que el amor verdadero no muere, sino que se transforma, se fortalece y se multiplica. Así, cuando dos corazones caminan juntos en Cristo, ya no son dos, sino uno solo. Y ese uno, que es bendecido, restaurado y guiado por Dios, puede cambiar generaciones enteras.